6권

틴틴파워 In Jesus 인 지저스

청소년 핵심공과 6권 | 구약편

요단

CONTENTS

1단원 심판의 때

제 1과 아모스 4

제 2과 미가 10

제 3과 스바냐 16

2단원 포로기의 인도

제 4과 다니엘 24

제 5과 에스라 30

제 6과 느헤미야 36

3단원 하나님의 사랑

제 7과 호세아 44

제 8과 요나 50

제 9과 예레미야 56

4단원 약속의 기다림

제 10과 이사야 64

제 11과 요엘 70

제 12과 말라기 76

구약편 | 1단원 심판의 때

단원 주제

공의로우신 하나님의 심판

단원 해설

하나님의 부르심을 받은 선지자들은 이스라엘 백성의 죄를 책망하며 공의의 하나님께서 심판하실 것을 예언합니다.

중심 구절

"오직 정의를 물 같이, 공의를 마르지 않는 강 같이 흐르게 할지어다"(암 5:24).

단원학습목표

하나님의 심판하심 앞에 겸손한 삶을 이해한다.

단원핵심정리

공의로 심판하시는 하나님

단원 소개

유대 백성은 하나님의 말씀을 떠나 우상숭배와 자신의 권력을 이용해 가난하고 연약한 사람들을 핍박했습니다. 하나님을 섬기는 것처럼 보였지만 실상 자신들의 욕망을 섬기고 있었던 것입니다. 하나님께서는 선지자들을 보내어 하나님의 공의를 바로 세우시기 위해 심판에 대한 경고를 하십니다.

1과에서는 아모스 선지자를 통해 자신에게 주어진 특권을 남용한 유다 백성을 향한 하나님의 심판에 대한 예언을 살펴보고, 2과에서는 하나님이 원하시는 정의로운 삶이 무엇인지 미가 선지자를 통해 배울 것입니다. 3과에서는 스바냐 선지자를 통해서 심판을 통해 주어지는 축복에 대해 살펴봅니다.

제 1과

아모스

학습 목표 | 하나님께서 아모스 선지자를 통해서 심판을 예언하신 이유를 이해한다.

중심 진리 | 하나님은 자신에게 주어진 특권을 남용할 때 심판하신다.

본문 말씀 | 아모스 5:24

Memory Verse | 암 5:24

"오직 정의를 물 같이, 공의를 마르지 않는 강 같이 흐르게 할지어다"

Question About It

선지자 '아모스'는 누구입니까?

① 아모스는 남 왕국의 　　　　　　　　, 북 왕국의 　　　　　　　　가 다스리던 시대의 선지자입니다(암 1:1).

② 아모스는 예루살렘 근처 드고아 지방의 　　　　　　　　 출신의 선지자입니다(암 1:1).

View of Bible

북 왕국의 여로보암 2세는 당시 국제 정세를 정치적으로 잘 활용하여 풍요롭고 부강한 나라를 이루었습니다. 하지만 큰 부와 풍요로움은 오히려 사회의 정의를 깨뜨리는 결과를 가져옵니다. 하나님을 경외하며 믿음으로 잘 섬겨야 할 이스라엘 백성은 오히려 하나님을 예배하는 성전에서 거짓된 우상을 숭배하는 등 타락의 끝으로 내달립니다. 이러한 신앙의 태도는 하나님의 말씀을 우습게 여기게 되었고, 그 결과 무서운 죄악을 범하게 되었습니다. 결국 하나님은 아모스를 통해 심판할 것을 예언하십니다.

Learn of Bible

성경에 나타난 선지자 아모스 때의 시대적 상황과 북 이스라엘의 범죄를 고발하며 하나님의 심판의 때를 선포하는 아모스의 활약을 살펴보고, 심판 이후 회복을 통해 오늘날 풍요의 시대를 살아가는 청소년으로서 바른 신앙의 태도를 배우게 될 것입니다.

1. 심판의 배경

하나님이 유다와 이스라엘을 심판하게 된 배경은 무엇입니까?

① 암 2:4-5 "여호와께서 이와 같이 말씀하시되
의 서너 가지 죄로 말미암아 내가 그 벌을 돌이키지 아니하리니 이는 그들이 여호와의 율법을 멸시하며 그 율례를 지키지 아니하고 그의 조상들이 따라가던 거짓 것에 미혹되었음이라 내가 유다에 불을 보내리니 예루살렘의 궁궐들을 사르리라"

② 암 2:6-8 "여호와께서 이와 같이 말씀하시되
의 서너 가지 죄로 말미암아 내가 그 벌을 돌이키지 아니하리니 이는 그들이 은을 받고 의인을 팔며 신 한 켤레를 받고 가난한 자를 팔며 힘 없는 자의 머리를 티끌 먼지 속에 발로 밟고 연약한 자의 길을 굽게 하며 아버지와 아들이 한 젊은 여인에게 다녀서 내 거룩한 이름을 더럽히며 모든 제단 옆에서 전당 잡은 옷 위에 누우며 그들의 신전에서 벌금으로 얻은 포도주를 마심이니라"

2. 심판에 대한 5가지 환상(7-9장)

첫 번째는 　　　　　　　　　　에 관한 환상입니다.
이는 경제적인 심판을 의미합니다. 메뚜기 떼가 풀을 다 먹게 하셔서 이스라엘 백성이 먹을 것이 없어져 결국 굶어 죽게 되는 것입니다. 그러나 아모스의 중보 기도로 하나님께서는 메뚜기 환상에 대한 심판은 보류하십니다.

두 번째는 　　　　　　　　　　에 관한 환상입니다.
하나님은 이스라엘 땅을 황폐화하기로 계획하셨습니다. 그러나 두 번째도 아모스의 중보 기도로 그 뜻을 돌이키셨습니다.

세 번째는 　　　　　　　　　　환상입니다.
하나님은 공의의 줄로 이스라엘을 재어 보아 만약 굽고 삐뚤어졌다면, 이스라엘을 징벌하실 것입니다.

네 번째 환상은 　　　　　　　　　　　　　　　입니다.
무르익은 여름 실과가 당장 보기에는 아름답지만 조만간 썩을 수밖에 없듯이, 그와 같은 처지인 이스라엘 역시 부패로 인해 하나님의 심판을 받게 될 것입니다.

다섯 번째 환상은 　　　　　　　　　　　　　　　입니다.
부서지는 성전의 기둥처럼 이스라엘도 그 죄악으로 인하여 부서지는 심판을 당할 것입니다.

3. 하나님의 회복

암 9:11-15 "그 날에 내가
그것들의 틈을 막으며 그 허물어진 것을 일으켜서 옛적과 같이 세우고 그들이 에돔의 남은 자와 내 이름으로 일컫는 만국을 기업으로 얻게 하리라 이 일을 행하시는 여호와의 말씀이니라 여호와의 말씀이니라 보라 날이 이를지라 그 때에 파종하는 자가 곡식 추수하는 자의 뒤를 이으며 포도를 밟는 자가 씨 뿌리는 자의 뒤를 이으며 산들은 단 포도주를 흘리며 작은 산들은 녹으리라 내가 내 백성 이스라엘이 사로잡힌 것을 돌이키리니 그들이 황폐한 성읍을 건축하여 거주하며 포도원들을 가꾸고 그 포도주를 마시며 과원들을 만들고 그 열매를 먹으리라 내가 그들을 그들의 땅에 심으리니
네 하나님 여호와의 말씀이니라"

MEMO

Application of Bible

풍요로운 시대를 살아가는 우리의 신앙 태도를 살펴봅시다.

Tip of Bible

사회 복음을 실천한 마틴 루터 킹 2세

마틴 루터 킹 2세는 미국의 침례교 목사이자 흑인 인권 및 권리 신장 운동가입니다. 1900년대 중반 미국의 흑인들은 백인들의 인종차별로 인해 가난과 비인격적 처우로 인해 고통스러운 삶을 살았습니다. 이런 부조리한 사회적 모순에 마틴 루터 킹 목사는 비폭력 저항운동을 통해 하나님의 공의를 이루고자 노력하였고 그 공로를 인정받아 1964년도에는 노벨 평화상을 수상합니다. 그는 다음과 같이 말합니다. "인간의 영혼을 갉아먹는 빈민가, 인간의 영혼을 억압하는 경제적인 조건, 인간의 영혼을 짓누르는 사회적인 조건에는 무관심한 채 인간의 영적 구원에만 관심을 갖는 종교는 사멸하게 된다."고 말입니다. 아모스 선지자의 외침과 일맥을 같이 한다고 볼 수 있을 것입니다. 그러므로 예수님을 믿는 우리 청소년들도 나의 재능과 비전을 통해 사회 약자들을 돌아보고 억울한 사람이 생겨나지 않는 그런 세상을 만들기 위해 노력해야 할 것입니다.

제 2과

미가

학습 목표 | 하나님께서 미가 선지자를 통해서 심판을 예언하신 이유와 하나님이 원하시는 정의로운 삶이 무엇인지 이해한다.

중심 진리 | 회개에 합당한 삶을 선택하라

본문 말씀 | 미가 6:8

Memory Verse | 미 6:8

"사람아 주께서 선한 것이 무엇임을 네게 보이셨나니 여호와께서 네게 구하시는 것은 오직 정의를 행하며 인자를 사랑하며 겸손하게 네 하나님과 함께 행하는 것이 아니냐"

Question About It

선지자 '미가'는 누구입니까?

① 미가는 와 동시대에 활동한 선지자입니다.

② 이사야는 왕실을 상대로 주로 사역했고 미가는 들을 상대로 활동하였습니다.

③ 미가는 와 예루살렘에서 활약한 선지자입니다.

View of Bible

유다 왕 아하스는 성전에 이교도들의 우상을 세우고, 나중에는 성전을 폐쇄합니다. 나라의 토지는 부자들의 손에 의해 불의하게 빼앗기고 가난한 사람들의 고통은 가중됩니다. 미가는 이스라엘의 상황을 한탄하며 여호와의 심판을 예언합니다. 하지만 심판이 끝났을 때 이스라엘의 적은 징복되며 다시 회복할 것을 말합니다.

Learn of Bible

1. 심판에 대해 선언하는 선지자 미가(1-3장)

⑴ 선지자 미가는 왜 심판에 관한 예언서를 쓰게 되었습니까?
(미 3:8)

⑵ 미가 선지자가 말하는 정의롭지 못한 삶은 무엇입니까?
(미 2:1-2)

하나님은 미가 선지자를 통하여 부패한 정치, 종교 지도자들에게 하나님의 공의로움을 일깨워주기를 원했습니다. 예수님도 당시의 부패한 종교 지도자들을 향해 소경이 소경을 인도한다고 말씀하시며 그들을 책망하셨습니다(마 15:14).

2. 약속된 하나님의 축복(4-5장)

(1) 심판의 끝 날에 우리가 가져야 할 신앙의 태도는 무엇입니까? (미 4:15)

(2) 하나님의 가장 큰 축복은 무엇입니까?(미 5:2-3)

약속된 하나님의 축복은 심판 후에 주어집니다. 그 심판의 때에 우리가 가져야 할 바른 신앙의 태도는 하나님을 향한 우리의 믿음을 놓지 않는 것입니다. 미가는 훗날 온 인류를 죄의 문제에서 해방하실 예수님의 탄생을 예언하고 있습니다. 오늘날 우리가 예수님을 믿고 살아간다는 것은 과거 수없이 많은 사람들이 그토록 염원하던 축복임을 우리가 잊지 말고 그 축복에 합당한 믿음의 삶을 살아가야 할 것입니다.

3. 회개에 합당한 삶(6-7장)

⑴ 하나님이 원하시는 믿는 자의 삶은 무엇입니까? (미 6:8)

⑵ 회개에 합당한 삶을 살지 않을 때 어떤 일이 일어납니까?

① 미 6:13

② 미 6:14

③ 미 6:15

하나님이 원하시는 회개에 합당한 삶은 외형적인 신앙의 모습이 성결한 마음과 겸손과 순종의 모습으로 변화되는 삶입니다. 그러한 삶을 우리가 계속해서 저버린다면 하나님께서는 사랑하는 자녀에게 심판의 매를 사용하실 것입니다.

Application of Bible

우리는 회개에 합당한 삶을 믿음으로 선택하고 있습니까?

Tip of Bible

누가복음 18장에 보면 불의한 재판관에 대한 예수님의 비유가 나옵니다. 한 과부가 있는데 원수에 대한 원한을 풀기 위해 재판장을 찾아갑니다. 하지만 이 불의한 재판관은 자신에게 주어진 권한과 힘을 사용하여 과부의 원한을 풀어주지 않고 외면합니다. 하지만 과부는 포기하지 않고 밤낮 찾아가 호소합니다. 불의한 재판관은 말합니다. "내가 하나님을 두려워하지 않고 사람을 무시하나 이 과부가 나를 번거롭게 하니 내가 그 원한을 풀어 주리라"고 말입니다. 불의한 재판관도 간절히 구하는 과부의 청을 들어주는데 하물며 공의로우신 하나님께서 그 백성의 간절히 구함을 속히 들어주시지 않겠습니까!(눅 18:1-8)

우리가 이 불의한 시대를 살아갈 때 하나님을 향한 성결한 마음을 가지고 그분을 의지하며 그 말씀에 순종할 때 하나님께서는 우리의 삶을 통해 속히 그 불의함을 풀어주실 것입니다. 억울하다고 슬퍼하거나 좌절하지 말고 공의의 하나님을 믿고 의지할 때 주님의 공의는 온 천하에 드러나게 될 것입니다.

제 3과

스바냐

학습 목표 | 하나님께서 스바냐 선지자를 통해서 심판을 예언하신 이유와 심판을 통한 축복을 이해한다.

중심 진리 | 심판을 통해서 오는 축복

본문 말씀 | 스바냐 3:17

Memory Verse | 습 3:17

"너의 하나님 여호와가 너의 가운데에 계시니 그는 구원을 베푸실 전능자이시라 그가 너로 말미암아 기쁨을 이기지 못하시며 너를 잠잠히 사랑하시며 너로 말미암아 즐거이 부르며 기뻐하시리라 하리라"

Question About It

선지자 '스바냐'는 누구입니까?(습 1:1)

① 스바냐는 아몬의 아들 유다왕 시대에 활동한 선지자입니다.

② 스바냐는 구시의 입니다

View of Bible

스바냐는 유다 왕 요시야 시대에 활약한 선지자입니다. 이 시대는 우상숭배로 인한 혼합주의가 팽배했습니다. 스바냐는 유다의 우상숭배와 폭력 그리고 사기와 무관심에 관한 하나님의 심판을 예언합니다. 그러나 이 혼합 우상숭배 주의에 물들지 않고 구별된 삶을 사는 믿음의 사람들이 남게 될 것이며 하나님께서는 그들에게 아낌없이 은혜를 베풀 것입니다.

Learn of Bible

1. 다가올 유대의 심판

⑴ 선지자 스바냐는 어떤 자들에게 심판의 경고를 하고 있습니까?

① 습 1:4-5

우상숭배 ______, ______, ______, ______

② 습 1:6

기회주의자 "여호와를 ______ 하고 따르지 아니한 자"

④ 습 1:6

불신자 "여호와를 ______ 아니하며 ______ 아니한 자

⑵ 심판의 날 그날은 어떤 날이라 성경은 말합니까?(습 4:15)

"그날은 ______ 의 날이요
______ 의 날이요
______ 의 날이요
______ 이요
구름과 흑암의 날이요"

2. 다가올 열방의 심판

(1) 하나님은 온 열방이 무엇으로 소멸될 것이라 말씀하십니까?

습 3:8

(2) 스바냐 3장 1절에 '패역하고 더러운 곳, 포악한 그 성읍' 은 어디를 말하는 것일까요?

습 3:2-8

3. 심판 후에 올 회복

(1) 하나님께서는 심판 이후에 이스라엘의 ____ 의 구원을 말하며 소망의 길을 말씀하십니다(습 3:13).

(2) 하나님이 베푸실 회복의 모습은 어떠합니까?

스바냐 3:19 "그 때에 내가 너를 괴롭게 하는 자를 다 벌하고 저는 자를 구원하며 쫓겨난 자를 모으며 온 세상에서 수욕 받는 자에게 ____ 과 ____ 을 얻게 하리라"

Application of Bible

주님 앞에서 구별된 삶을 살고 있습니까?

Tip of Bible

회개의 기회를 놓쳐서는 안 될 것입니다. 스바냐 선지자가 활동할 때 회개할 기회를 놓친 이스라엘은 하나님의 심판을 피할 수 없게 됩니다. 하지만 스바냐 선지자는 아직 시간이 주어졌을 때 주님의 말씀을 행하라고 말합니다. 바로 그때 그 심판 안에서 구원의 역사를 얻게 되는 것입니다. 예루살렘은 파괴되겠지만 남은 자들이 있을 것입니다. 적군에게 포로로 끌려가겠지만 그 안에서 보호받게 됩니다. 그러므로 회개의 때를 놓쳐서는 안 될 것입니다. 아무리 늦었다고 생각되어도 은혜의 주님 앞에 용서를 구하고 삶을 돌이킨다면 하나님께서는 다시금 기회를 주실 것입니다. 그런 의미에서 심판은 축복인 것입니다. 예수님의 십자가는 징계와 은혜가 모두 녹아져 있습니다. 하나님의 죄에 대한 심판은 십자가에서 당하신 무서운 고통과 죽음입니다. 그러나 그 심판 이후에 부활과 영생의 축복을 누리게 되는 것입니다. 그러므로 우리는 그 십자가 은혜의 복음을 심판의 때를 살아가는 모든 사람들에게 전해야 하는 것입니다.

단원 주제

하나님의 심판과 회복하심

단원 해설

이스라엘 백성은 하나님이 보내신 선지자들의 경고를 무시합니다. 그 결과 앗수르와 바벨론에 의해 나라가 망하게 되고 결국 포로로 끌려가는 심판을 받게 됩니다. 하지만 하나님의 사랑과 인도하심은 포로 기간 중에도 계속됩니다.

중심 구절

"참으로 크도다 그의 이적이여, 참으로 능하도다 그의 놀라운 일이여, 그의 나라는 영원한 나라요 그의 통치는 대대에 이르리로다"(단 4:3).

단원학습목표

죄로 인한 고난 중에도 긍휼함으로 인도하시는 하나님의 사랑을 이해한다.

단원핵심정리

하나님의 인도하심

구약편 | 2단원

포로기의 인도

단원 소개

북 이스라엘과 남 왕국 유다는 하나님이 아닌 우상숭배와 죄를 범하고 자신들의 옳은 대로 말씀에서 떠난 삶을 선택합니다. 그 결과 유대 사회는 온갖 죄가 넘쳐나는 불의의 나라가 되어버립니다. 결국 수많은 선지자들의 경고가 있었음에도 회개하지 않아 주변 강대국들에 의해 심판을 받게 됩니다. 하지만 선지자들의 예언대로 심판 뒤에 하나님의 긍휼하심으로 포로 기간 중 하나님을 경외하는 선지자들을 통해 그 백성을 다시 예루살렘으로 인도하십니다. 고난 중에도 함께하시는 하나님의 놀라운 사랑과 인도하심을 통해 그 백성을 회복하십니다.

4과에서는 비록 포로로서 타국 이방 문화 속에 있지만 구별된 삶을 결단한 다니엘 선지자를 통해서 하나님 나라의 소망을 발견하게 될 것입니다. 5과에서는 선지자 에스라를 통해서 훼파된 예루살렘의 성전 건축의 소망을 이루어주시는 하나님의 은혜를 이해합니다. 그리고 6과에서는 무너진 이스라엘 성벽 재건을 통한 이스라엘의 영적 부흥운동을 살펴봅니다.

제 4과

다니엘

학습 목표 | 선지자 다니엘을 통해 포로기에 이 땅에서의 구별된 삶과 하나님의 나라에 대한 소망을 이해한다.

중심 진리 | 믿음을 지킨 다니엘

본문 말씀 | 다니엘 4:3

Memory Verse | 단 4:3

"참으로 크도다 그의 이적이여, 참으로 능하도다 그의 놀라운 일이여, 그의 나라는 영원한 나라요 그의 통치는 대대에 이르리로다"

Question About It

선지자 '다니엘'은 누구입니까?

① 선지자 다니엘은 유다 왕 ________ 3년에 1차 포로로 바벨론으로 끌려갑니다(단 1:1).

② 선지자 다니엘은 유다 지파에 속한 ________ 출신입니다(단 1:3).

③ 선지자 다니엘의 '그의 생명을 보호하소서' 라는 바벨론식 이름은 ________ 입니다(단 4:19).

View of Bible

선지자 다니엘이 활동하던 시기에는 남 유다 여호야김이 통치하던 시기입니다. 이 때 남 유다는 이미 국력이 많이 쇠약해져 있었습니다. 신흥 강국 바벨론이 앗수르를 멸망시키고 고대 근동의 패권을 차지한 후 남 유다를 공격하여 1차로 많은 포로들을 바벨론으로 끌고 갑니다. 이때 포로로 잡혀가 좌절에 빠진 이스라엘 백성에게 다니엘은 하나님 앞에서 믿음으로 구별된 삶을 살아내며, 하나님이 역사의 주관자이시며, 미래에 임할 하나님의 나라에 대해서 예언합니다.

Learn of Bible

1. 포로로 잡혀온 다니엘의 결단

(1) 다니엘은 바벨론의 신앙과 섞이지 않기 위해 어떤 결단을 하게 되나요?

① 단 1:8 "다니엘은 뜻을 정하여 왕의 　　　　　　　　　　과 그가 마시는 　　　　　　　　　　로 자기를 더럽히지 아니하리라"

② 단 6:10 "다니엘이 이 조서에 왕의 도장이 찍힌 것을 알고도 자기 집에 돌아가서는 윗방에 올라가 예루살렘으로 향한 창문을 열고 전에 하던 대로 하루 　　　　　　　　　　 무릎을 꿇고 　　　　　　　　　　 하며 그의 하나님께 　　　　　　　　　　 하였더라"

(2) 다니엘과 세 친구는 함께 포로로 잡혀왔지만 같은 믿음의 결단을 한 동역자입니다. 그들은 3년간 바벨론의 학문과 방언을 배웠습니다. 하지만 신앙의 뿌리는 결코 흔들리지 않았습니다. 다니엘과 세 친구의 바뀌진 이름은 무엇일까요?(단 1:6-7)

① 다니엘 : 벨드사살

② 하나냐 :

③ 미사엘 :

④ 아사랴 :

2. 포로로 잡혀온 다니엘과 세 친구의 증거

(1) 다니엘은 느부갓네살 왕의 꿈을 해석합니다. 그리고 참된 신이신 하나님을 증거합니다. 느부갓네살 왕은 하나님을 향하여 어떤 고백을 합니까?

단 2:47 "왕이 대답하여 다니엘에게 이르되 너희 하나님은 참으로 모든 이시요 모든 시로다 네가 능히 이 은밀한 것을 나타내었으니 네 하나님은 또 시로다"

(2) 사드락, 메삭, 아벳느고는 우상에게 절하지 않았다는 이유로 쇠도 녹이는 풀무불 속에 던져집니다. 하지만 살아계신 하나님께서 이들을 뜨거운 불속에서 보호하여 주십니다. 이 장관을 본 느부갓네살 왕은 조서를 써서 하나님을 찬양합니다. 그 조서의 내용은 무엇입니까?

단 4:2-3 "
이 내게 행하신 이적과 놀라운 일을 내가 알게 하기를 즐겨 하노라
이여,
이여, 요
"

3. 소망 : 영원한 하나님의 나라

(1) 다니엘서 7장에서 하나님은 다니엘에게 환상 중에 세상 나라들을 어떤 형상으로 보여주십니까?

① 단 7:4 :

② 단 7:5 :

③ 단 7:6 :

④ 단 7:7 :

(2) 세상 나라는 짐승 같은 나라입니다. 하지만 하나님의 나라는 어떤 이가 다스리는 어떤 나라일까요?

단 7:13-14 "내가 또 밤 환상 중에 보니 같은 이가 하늘 구름을 타고 와서 옛적부터 항상 계신 이에게 나아가 그 앞으로 인도되매 그에게 권세와 영광과 나라를 주고 모든 백성과 나라들과 다른 언어를 말하는 모든 자들이 그를 섬기게 하였으니 그의 권세는 소멸되지 아니하는 요 이니라"

다니엘과 세 친구의 삶은 포로로 잡혀 갔던 이스라엘 사람들에게 여전히 돌보시는 하나님의 역사를 보게 하였습니다. 그리고 포악하고 절망적인 세상 나라와 다르게 하나님의 나라는 인자가 다스리는 소멸되지 않을 영원한 나라가 될 것임을 다니엘은 예언합니다. 이는 포로기에 절망한 이스라엘 백성에게 큰 위로와 소망이 되었습니다.

Application of Bible

어려움이 닥쳐왔을 때 우리는 무엇을 의지하고 소망하는지 이야기 해 보세요.

Tip of Bible

다니엘과 세 친구들은 포로의 처지였지만 환경과 타협하지 않고 자신의 믿음을 지켜냅니다. 뿐만 아니라 자신에게 주어진 시간에 최선의 삶을 살아내며 왕을 비롯한 많은 사람들에게 흠을 발견할 수 없을 만큼 인정받습니다.

오늘 우리의 모습은 어떠합니까? 조금의 어려움만 닥쳐도 자신의 무능과 나태함을 숨기고 환경을 탓하며 무기력하게 살고 있지는 않습니까? 어떠한 상황에서도 우리를 포기하지 않으시는 주님의 사랑을 믿고 나에게 주어진 최선의 삶을 살아가야 할 것입니다.

태어날 때부터 팔, 다리가 없었던 닉 부이치치는 희망 전도사로 전 세계를 다니며 낙심과 좌절에 빠져있는 많은 사람들에게 소망을 이야기합니다. 그는 말합니다. "가끔 우리는 넘어졌을 때 다시 일어날 수 있는 힘이 없다고 느껴질 때가 있습니다. 그러나 계속 실패해도 다시 시도한다면 그리고 또 다시 시도한다면 그것은 실패가 아닙니다. 저는 백 번이라도 다시 일어나기 위해 노력할 것입니다."

예수님을 믿는 우리들은 반드시 기억해야 할 것입니다. "우리가 선을 행하되 낙심하지 말지니 포기하지 아니하면 때가 이르매 거두리라"(갈 6:9). 우리가 믿음으로 포기하지 않는다면 절망의 순간에 하나님의 보호하심을 경험하게 될 것이며 외로움 속에 하나님의 위로와 임재를 경험하게 될 것입니다.

제 5과

에스라

학습 목표 | 선지자 에스라를 통해 포로기에 구원의 역사를 이루어 가시며 성전 건축의 소망을 이루어주시는 하나님의 은혜를 이해한다.

중심 진리 | 어려운 환경 속에서도 하나님의 언약은 이루어진다.

본문 말씀 | 에스라 6:16

Memory Verse | 스 6:16

"이스라엘 자손과 제사장들과 레위 사람들과 기타 사로잡혔던 자의 자손이 즐거이 하나님의 성전 봉헌식을 행하니"

Question About It

선지자 '에스라'는 누구입니까?

① 선지자 에스라는 성경 연구가인 　　　　　　　　　　 였습니다 (스 7:11).

② 선지자 에스라는 율법을 　　　　　　　　　　 하려고 간절히 　　　　　　　　　　 하는 사람이었습니다(스 8:21-23).

③ 선지자 에스라는 　　　　　　　　　　 이며, 학자였습니다 (스 7:12).

View of Bible

서기관 겸 제사장 에스라는 바사 왕 아닥사스다 1세 때 두 번째로 포로들을 이끌고 예루살렘으로 귀환합니다. 하지만 유대인들이 이방 여인들과 결혼함으로 종교적, 도덕적 순수성에 위기를 가져옵니다. 그러므로 귀환민들은 과거의 죄악을 회개하고 하나님과 새로운 관계를 맺어야만 했습니다. 이 일을 위해 무엇보다 성전 건축을 통한 예배의 회복이 시급했던 것입니다.

Learn of Bible

1. 하나님의 도우심을 받은 에스라

⑴ 학사 에스라는 바사 왕 아닥사스다에게 그 학식과 지혜를 인정받습니다. 이는 누구의 도움을 받았기 때문일까요?

스 7:12

⑵ 아닥사스다 왕 1세가 내렸던 조서에 학사 에스라는 어떻게 설명하고 있습니까?

스 7:12 "모든 왕의 왕 아닥사스다는 하늘의 하나님의 ______ 에스라에게"

⑶ 학사 에스라는 하나님에게 그리고 바사 왕 아닥사스다 1세에게 인정받게 됩니다. 학사 에스라는 어떤 마음의 결심과 태도를 가지고 살았을까요?

스 7:10 "에스라가 여호와의 율법을 ______ 하여 ______ 하며 ______ 와 ______ 를 이스라엘에게 가르치기로 결심하였었더라"

2. 소명을 위해 헌신하는 에스라

⑴ 바사 왕 아닥사스다 1세는 학사 에스라에게 어떤 권한을 부여했습니까?

스 7:25-26 "에스라여 너는 네 손에 있는 네 하나님의 지혜를 따라 네 하나님의 율법을 아는 자를

강 건너편 모든 백성을 재판하게 하고 그 중 알지 못하는 자는 너희가 　　　　 무릇 네 하나님의 명령과 왕의 명령을 준행하지 아니하는 자는 속히 그 죄를 정하여 혹

하였더라"

(2) 고향으로 돌아가는 에스라의 기쁨은 매우 컸을 것입니다. 그 기쁨의 고백은 어떤 내용입니까?

스 7:27-28 "우리 조상들의 하나님 여호와를 　　　　 할지로다 그가 왕의 마음에 예루살렘 여호와의 성전을 아름답게 할 뜻을 두시고 또 나로 왕과 그의 보좌관들 앞과 왕의 권세 있는 모든 방백의 앞에서 　　　　 를 얻게 하셨도다 내 하나님 여호와의 　　 이 　　　　 에 있으므로 내가

이스라엘 중에 우두머리들을 모아 나와 함께 올라오게 하였노라"

(3) 하나님만을 의지했던 에스라는 고향으로 돌아오는 도중에 금식을 선포하고 스스로 겸비하여 평탄한 길을 간구했습니다. 그가 기도했던 장소는 어디입니까?

스 8:21 "그 때에 내가 　　　　 가에서 금식을 선포하고 우리 하나님 앞에서 스스로 겸비하여 우리와 우리 어린 아이와 모든 소유를 위하여 평탄한 길을 그에게 간구하였으니"

3. 실망하지 않고 최선을 다하는 에스라

⑴ 귀환한 이스라엘 백성이 하나님의 율법을 어기고 다른 이방 여인들과 결혼을 하게 됩니다. 특히 레위인, 제사장, 방백들이 더 많았습니다. 하나님의 율법을 떠나 믿음을 저버린 그들의 모습을 본 에스라는 어떤 마음이었을까요?(스 9:2-15)

① 스 9:3

② 스 9:6

③ 스 9:7

④ 스 9:14

⑵ 에스라는 자신에게 주어진 권한을 통해 율법을 저버리고 통혼한 그들을 징계하지 않고 하나님 앞에 엎드려 통회하며 죄를 자복하는 기도를 합니다. 이 때 백성들의 반응은 어떠했습니까?(스 10:1-4)

① 스 10:1

② 스 10:2

③ 스 10:3

Application of Bible

어려움 속에서도 학사 에스라는 하나님의 말씀을 공부하고 그 말씀에 순종하며 그것을 사람들에게 가르칠 것을 결심합니다. 우리는 어떤 결심을 해야 할까요?

Tip of Bible

미국의 흑인 노예를 해방한 16대 대통령 링컨은 10가지의 신앙 규칙을 가지고 살았다고 합니다. 그 내용은 다음과 같습니다.

1. 나는 주일을 거룩하게 지키며 예배 생활에 힘쓸 것이다.
2. 나는 날마다 하나님의 말씀인 성경을 묵상하고 그 말씀을 실천할 것이다.
3. 나는 도움을 베풀어 주시는 하나님께 날마다 겸손히 기도할 것이다.
4. 나는 나의 뜻이 아니라 하나님의 뜻에 순종할 것이다.
5. 나는 하나님께서 베풀어 주신 은혜를 기억하며 감사할 것이다.
6. 나는 연약하지만 하나님의 도우심을 의지할 것이다.
7. 나는 하나님만을 높여드리고 그분께만 영광을 올려드릴 것이다.
8. 나는 하나님 안에서 우리 모두는 자유로우며 평등하다고 믿는다.
9. 나는 형제를 사랑하고, 이웃을 사랑하라는 주님의 명령을 실천할 것이다.
10. 나는 이 땅 위에 하나님의 진리와 공의가 실현되도록 기도할 것이다.

링컨의 신앙 십계명은 하나같이 성경을 기초로 하고 있습니다. 이와 같이 우리의 삶을 하나님의 말씀 앞에서 경건하게 살고자 결단할 때 하나님의 축복의 통로로 귀하게 쓰임 받을 수 있는 것입니다.

제 6과

느헤미야

학습 목표 | 선지자 느헤미야를 통해 포로기에 이스라엘성벽을 재건하도록 하시는 하나님의 구원의 역사를 이해한다.

중심 진리 | 이스라엘의 성벽 재건과 부흥운동

본문 말씀 | 느헤미야 6:15

Memory Verse | 느 6:15

"성벽 역사가 오십이 일 만인 엘룰월 이십오일에 끝나매"

Question About It

선지자 '느헤미야'는 누구입니까?

① 선지자 느헤미야는 유다 지파 　　　　　 의 아들입니다(느 1:1).

② 선지자 느헤미야는 바사 왕 아닥사스다 1세의 　　　　　 이었습니다(느 1:11–2:1).

③ 선지자 느헤미야는 유대 총독으로 임명되어 예루살렘으로 귀환하였으며 　　　　 년간 예루살렘에 거합니다(느 5:14).

View of Bible

선지자 느헤미야는 에스라와 스룹바벨이 예루살렘으로 돌아간 지 오랜 후에 예루살렘의 황폐한 상태에 대한 소식을 듣고 기도합니다. 그리고 왕에게 나아가 예루살렘에 돌아갈 수 있도록 허락을 받습니다. 총독이 되어 예루살렘에 돌아온 느헤미야는 성벽 재선을 시작합니다. 하지만 주위에서 큰 비난과 위협을 당합니다. 느헤미야는 하나님께 엎드려 간구하며 여러 종교적, 사회적 개혁을 실행하며 성벽 재건을 완성하게 됩니다.

Learn of Bible

1. 하나님께 간구하는 선지자 느헤미야

(1) 선지자 느헤미야는 바사 왕의 술 관원입니다. 하지만 그는 자신의 성공보다 민족의 불행 앞에 가슴 아파합니다. 그리고 하나님께 간절히 이스라엘 백성의 안녕을 위해 도움을 구합니다. 느헤미야는 하나님을 어떤 분으로 이해하고 있습니까?

느 1:5 "이르되

이여 주를 사랑하고 주의 계명을 지키는 자에게 언약을 지키시며

여 간구하나이다"

(2) 선지자 느헤미야는 이스라엘 백성을 위해 금식하며 기도합니다. 그 내용은 구체적으로 무엇일까요?

① 느 1:6-7 회개 | "이제 종이 주의 종들인 이스라엘 자손을 위하여 주야로 기도하오며 우리 이스라엘 자손이 주께 범죄한 하오니 주는 귀를 기울이시며 눈을 여시사 종의 기도를 들으시옵소서

하여 주를 향하여 크게 악을 행하여 주께서 주의 종 모세에게 명령하신

과 와 를 지키지 아니하였나이다"

② 느 1:8-10 약속의 말씀 | "옛적에 주께서 주의 종 모세에게 명령하여 이르시되 만일 너희가 범죄하면 내가 너희를 여러 나라 가운데에 흩을 것이요 만일 내게로 너희 쫓긴 자가 하늘 끝에 있을지라도 내가 거기서부터 그들을 모아 내 이름을 두려고

하신 말씀을 이제 청하건대 기억하옵소서 이들은 주께서 일찍이 큰 권능과 강한 손으로 구속하신 주의 종들이요

이니이다"

③ 느 1:11 구체적인 방법을 구함 그리고 응답 | "주여 구하오니 귀를 기울이사 종의 기도와 주의 이름을 경외하기를 기뻐하는 종들의 기도를 들으시고 오늘 하여 이 사람들 앞에서 하였나니 그 때에 내가 이 되었느니라"

(3) 기도가 응답된 선지자 느헤미야는 바사 왕 아닥사스다 1세에게 예루살렘으로 돌아갈 수 있도록 허락을 받습니다. 그는 허락을 받기 위해 무엇을 했나요?

느 2:4 하늘의 하나님께

2. 위기를 만나는 선지자 느헤미야

(1) 느헤미야는 유다 백성을 돕기 위해서 목숨을 걸고 바사 왕의 허락을 받았으며 무려 3개월간의 긴 여정을 마치고 예루살렘에 도착합니다. 하지만 유다 백성을 조롱하고 성벽 재건을 방해하는 자들이 나타났습니다. 그들은 누구입니까?

느 6:1 " 과 와 아라비아 사람 과 그 나머지 우리의 원수들이 내가 성벽을 건축하여 허물어진 틈을 남기지 아니하였다 함을 들었는데"

(2) 선지자 느헤미야는 성벽 재건을 이루는데 온갖 방해를 받습니다. 특별히 적들의 공격 소식으로 인한 두려움은 결국 성벽 재건을 중단하기에 이릅니다. 느헤미야는 이 위기를 어떻게 이겨내나요?

느 4:9 "우리가 우리 하나님께 하며 그들로 말미암아 을 두어 주야로 하는데"

(3) 온갖 음모와 위협에도 불구하고 느헤미야는 포기하지 않고 최선을 다합니다. 드디어 예루살렘의 성벽은 재건됩니다. 성벽 재건은 며칠 만에 이루어졌을까요?

느 6:15 "성벽 역사가 만인 엘룰월 이십오일에 끝나매"

3. 재건된 성벽과 성문

(1) 파괴되었던 성벽이 재건되고 선지자 느헤미야는 성문을 달았습니다. 그리고 각 성문에는 이름이 있습니다. 그 이름은 무엇입니까?

① 느 3:1

② 느 3:3

③ 느 3:6

④ 느 3:13

⑤ 느 3:14

⑥ 느 3:15

⑦ 느 3:26

⑧ 느 3:28

⑨ 느 3:29

⑩ 느 3:31

(2) 성벽이 완성된 몇 년 후 유다 백성에게 영적인 문제가 발생합니다. 어떤 문제가 발생하며 느헤미야는 이를 어떻게 처리하나요?

① 느 13:4-9 더럽혀진 을 정결하게 함

② 느 13:10-14 레위인을 위해 를 가져다가 곳간에 들임

③ 느 13:15-22 을 지키도록 함

Application of Bible

선지자 느헤미야는 일을 계획하고 준비합니다. 하지만 무엇보다 하나님의 도우심을 간절히 바랍니다. 지금 우리는 무엇을 계획하고 또 어떻게 하나님의 도우심을 구하고 있는지 서로 나누어 보세요.

Tip of Bible

스코틀랜드의 어느 작은 시골마을에서 있었던 일이라고 합니다. 주일 헌금바구니가 지나갈 때 어느 한 꼬마가 헌금 바구니를 바닥에 내려놓더니 그 안으로 들어갑니다. 왜 그러느냐고 물었더니 하나님께 드릴 것이 없어 자신이라도 드리려고 한다고 말했습니다. 결국 그 소년은 예배를 방해한다는 꾸지람을 받았고 이 작은 사건은 사람들의 기억에서 잊혀졌습니다. 그러나 꼬마는 자신의 생명을 하나님께 드렸다는 사실을 절대로 잊지 않았다고 합니다.
그는 나중에 남부 아프리카에 있는 많은 사람의 삶과 부족과 나라의 운명이 바뀌는 과정에서 하나님께 쓰임 받는 위대한 개척 선교사와 정치가가 됩니다. 그 꼬마의 이름은 바로 바비 모펫입니다.
하나님을 믿는 우리 모두는 하나님께 우리의 삶을 드려야 합니다. 우리의 꿈도 주님께 드려야 합니다. 그 결과 하나님의 꿈이 우리의 꿈이 되고 참되고 행복한 삶을 보장받게 되는 것입니다. 느헤미야는 자신의 안위를 떠나 하나님께 자신의 삶을 맡깁니다. 그리고 파괴된 민족과 성벽을 재건합니다. 이는 단지 건물을 재건하는 것이 아니라 영적인 대부흥운동이 되어 하나님의 나라를 재건하는 일이 되었습니다. 바비 모펫 역시 하나님께 아무것도 드릴 것이 없어 자신을 드립니다. 하지만 하나님께서는 세상에 가장 값진 한 영혼을 받으신 것입니다. 하나님께 드려진 그 한 영혼이 다른 민족과 영혼을 재건하는 놀라운 삶을 살게 된 것입니다.

단원 주제

이스라엘과 열방을 사랑하시는 하나님의 사랑

단원 해설

이스라엘 백성은 자신들만이 하나님의 선택된 백성이라 착각하고 있었습니다. 하지만 하나님은 여러 선지자들을 통해서 모든 민족과 열방을 사랑하시는 분이심을 드러내십니다.

중심 구절

"하물며 이 큰 성읍 니느웨에는 좌우를 분변하지 못하는 자가 십이만여 명이요 가축도 많이 있나니 내가 어찌 아끼지 아니하겠느냐 하시니라"(욘 4:11).

단원학습목표

이스라엘뿐 아니라 모든 민족과 열방을 사랑하시는 하나님을 이해한다.

단원핵심정리

열방을 사랑하시는 하나님

구약편 | 3단원

하나님의 사랑

단원 소개

하나님은 이스라엘을 제사장 나라로 선택하셔서 모든 민족과 열방을 구원하시기를 원하셨습니다. 하지만 이스라엘은 하나님의 사랑을 외면할 뿐 아니라 열방에 하나님의 말씀을 전할 의무도 이행하지 않습니다. 7과에서는 부정한 여인을 끝까지 사랑하는 호세아 선지자의 삶의 모습을 통해 하나님을 배반한 이스라엘 백성, 그럼에도 불구하고 끝까지 사랑하시는 하나님에 대해 배우게 됩니다. 8과에서는 이스라엘과 적대적 관계인 앗수르의 수도 니느웨를 구원하시는 하나님을 통해 모든 민족과 열방을 사랑하시는 하나님을 이해하게 됩니다. 그리고 9과에서는 제사장 나라에 대한 하나님의 눈물을 발견하게 될 것입니다.

제 7과

호세아

학습 목표 | 선지자 호세아를 통해 하나님을 떠나 우상숭배한 백성을 다시 사랑으로 회복시키시는 하나님의 사랑을 이해한다.

중심 진리 | 그럼에도 불구한 하나님의 사랑

본문 말씀 | 호세아 1:10

Memory Verse | 호 1:10

"그러나 이스라엘 자손의 수가 바닷가의 모래 같이 되어서 헤아릴 수도 없고 셀 수도 없을 것이며 전에 그들에게 이르기를 너희는 내 백성이 아니라 한 그 곳에서 그들에게 이르기를 너희는 살아 계신 하나님의 아들들이라 할 것이라"

Question About It

선지자 '호세아'는 누구입니까?

① 선지자 호세아는 웃시야 왕 때부터 때까지 활동한 선지자입니다(호 1:1).

② 선지자 호세아의 부도덕한 아내의 이름은 입니다(호 1:3).

③ 선지자 호세아와 아내 고멜 사이에는 세 자녀가 있습니다. 그들의 이름은 , , 입니다(호 1:4-9).

View of Bible

호세아 선지자는 BC 755년부터 북 왕국 이스라엘에서 활약한 선지자입니다. 그는 북 왕국이 망하는 것을 목격한 선지자이기도 합니다. 하나님께서는 선지자 신분인 호세아에게 음란한 여인 고멜과 결혼할 것을 명하십니다. 그리고 음란한 자식들을 낳으라 하십니다.

하나님께서는 당시 이스라엘의 사회적 타락, 우상숭배, 속임수, 살인 등의 온갖 죄로 인해 그들을 버리실 것입니다. 그리고 그들은 과거 애굽의 종살이를 했듯이 앗수르의 종이 될 것입니다. 그러나 호세아가 자신의 음란한 아내 고멜을 끝없이 찾고 되돌리고 구해내려고 최선을 다했듯이 하나님께서도 이스라엘을 사랑으로 구원하실 것을 호세아의 삶과 말씀을 통해 예언하셨습니다.

Learn of Bible

1. 음란한 여인을 사랑한 호세아

(1) 하나님께서는 선지자 호세아에게 왜 부정한 여인 고멜과 결혼하라 명령하셨습니까?

호 1:2 "여호와께서 처음 호세아에게 말씀하실 때 여호와께서 호세아에게 이르시되 너는 가서 음란한 여자를 맞이하여 음란한 자식들을 낳으라 이 나라가 이니라 하시니"

(2) 선지자 호세아와 고멜 사이에서 낳은 자녀들의 이름과 그 의미는 무엇일까요?

① 호 1:4 "여호와께서 호세아에게 이르시되 그의 이름을 이라 하라 조금 후에 내가 이스르엘의 피를 예후의 집에 갚으며 이니라"

② 호 1:6 "고멜이 또 임신하여 딸을 낳으매 여호와께서 호세아에게 이르시되 그의 이름을 라 하라 내가 다시는 이스라엘 족속을 이니라"

③ 호 1:9 "여호와께서 이르시되 그의 이름을 라 하라 너희는 나는 이니라"

(3) 선지자 호세아는 타인의 사랑을 받아 음녀가 된 아내 고멜을 구원합니다.

① 아내를 구하기 위해 지불한 대가는 무엇일까요?

호 1:4 "내가 와 으로 나를 위하여 그를 사고"

② 구원한 아내 고멜에게 권면한 것은 무엇입니까?

호 3:3 "그에게 이르기를 너는 많은 날 동안

나도 네게 그리하리라 하였노라"

2. 백성들의 죄를 고발하는 선지자 호세아

(1) 선지자 호세아는 백성들에게 무엇이 없어서 그리고 무엇을 잊었기에 망한다고 말하고 있습니까?

호 4:6 "내 백성이 망하는도다 네가 지식을 버렸으니 나도 너를 버려 내 제사장이 되지 못하게 할 것이요 네가 네 나도 네 자녀들을 잊어버리리라"

(2) 선지자 호세아는 패역을 행한 백성들에게 회개하라고 외칩니다. 그렇다면 하나님께서 패역한 그의 백성들에게 원하시는 것은 무엇일까요?

① 호 6:3 "그러므로 우리가

그의 나타나심은 새벽 빛 같이 어김없나니 비와 같이, 땅을 적시는 늦은 비와 같이 우리에게 임하시리라 하니라"

② 호 6:6 "나는 를 원하고 제사를 원하지 아니하며 번제보다 을 원하노라"

(3) 선지자 호세아가 7장에서 설교한 내용 중 소개된 비유는 무엇입니까?

① 호 7:8

② 호 7:9

③ 호 7:11

④ 호 7:16

3. 하나님의 사랑을 선포한 호세아

(1) 하나님께서는 사랑하는 백성들을 구원하시기 위해서 어떠한 '줄'로 백성들을 이끌겠다고 말씀하십니까?

호 11:4 "내가 의 줄 곧 의 줄로 그들을 이끌었고 그들에게 대하여 그 목에서 멍에를 벗기는 자 같이 되었으며 그들 앞에 먹을 것을 두었노라"

(2) 하나님을 떠나 우상숭배하던 이스라엘 백성은 결국 누구에게로 돌아가야 참된 행복의 삶을 살 수 있게 될까요?

호 14:1-2 "이스라엘아 네 네가 불의함으로 말미암아 엎드러졌느니라 너는 말씀을 가지고
아뢰기를 모든 불의를 제거하시고 선한 바를 받으소서 우리가 수송아지를 대신하여 입술의 열매를 주께 드리리이다"

(3) 여호와 하나님께로 돌아온 자의 축복과 사랑은 무엇일까요?

① 호 14:4 "내가 그들의 반역을 고치고 기쁘게 그들을 사랑하리니 나의 이니라"

② 호 14:5 "내가 이스라엘에게 이슬과 같으리니 그가 레바논 백향목 같이 이라"

③ 호 14:6 "그의 그의 아름다움은 그의 향기는 레바논 같으리니"

Application of Bible

하나님의 사랑은 심판과 회복입니다. 그리고 그 회복은 하나님께 돌아가 그분을 깊이 알아가는 것입니다. 지금 하나님을 알기 위해 무엇을 할 수 있을지 의견을 나누어 보세요.

Tip of Bible

프랜시스 톰슨은 하나님을 '천국의 사냥개'로 표현합니다. 하나님을 사냥개로 비유하니 매우 불경스럽게 느껴질 것입니다. 하지만 이는 죄로 인해 죽을 수밖에 없는 불행한 사람들을 향한 하나님의 의지가 강하게 담겨 있는 것입니다.

이스라엘 백성은 하나님 알기를 저버리고 당장의 쾌락을 누릴 수 있는 우상숭배와 죄의 길을 가게 됩니다. 하나님 입장에서는 큰 배신을 당한 것입니다. 그럼에도 불구하고 하나님은 그 사랑의 줄로 그들을 구원의 길로 이끄십니다. 포기하지 않는 하나님의 사랑 앞에 우리는 감사와 감격의 삶을 누려야 할 것입니다.

제 8과

요나

학습 목표 | 선지자 요나를 통해 하나님께서는 이스라엘뿐 아니라 모든 민족과 열방을 살피시고 사랑하신다는 사실을 이해한다.

중심 진리 | 열방을 사랑하시는 하나님

본문 말씀 | 요나 4:11

Memory Verse | 욘 4:11

"하물며 이 큰 성읍 니느웨에는 좌우를 분변하지 못하는 자가 십이만여 명이요 가축도 많이 있나니 내가 어찌 아끼지 아니하겠느냐 하시니라"

Question About It

선지자 '요나'는 누구입니까?

① 선지자 요나는 여로보암 2세 때 하나님께서 명하사 앗수르의 도성 로 가서 회개하지 않으면 멸망할 것을 예언토록 하셨습니다(욘 1:2).

② 선지자 요나는 하나님의 명령을 어기고 로 도망합니다. 하지만 풍랑을 만나 바다에 던져졌습니다. 하나님께서는 를 예비하셔서 다시 니느웨로 돌려보내십니다(욘 1:3-2:10).

③ 선지자 요나가 니느웨로 가서 그들의 죄를 책망하며 하나님의 심판을 선포하자 그 왕과 성읍 주민들이 회개하였습니다(욘 3:4).

View of Bible

이스라엘은 하나님이 온 세상을 구원하시고자 축복의 통로로 부르신 제사장 나라였습니다. 그러기에 하나님께서는 선지자 요나를 통해 적국인 앗수르의 수도 니느웨에 심판의 회개를 촉구하신 것입니다. 하지만 요나는 니느웨가 회개하고 구원받을 기회를 얻는 것을 못마땅하게 생각하고 전혀 다른 곳으로 도망갑니다. 하지만 하나님께서는 초자연적인 방법으로 요나를 다시금 니느웨로 부르십니다. 요나는 싫었지만 니느웨로 가서 하나님의 심판을 예언합니다. 그 소식을 들은 니느웨의 왕과 도성 사람들은 모두가 금식하며 회개합니다. 하나님께서는 심판을 보류하십니다. 요나는 적국이 심판받지 않고 죄에서 돌이키는 것에 불만을 드러냅니다. 그러자 하나님께서는 한 식물이 시드는 것을 통해 니느웨의 영혼들과 나아가 세상 모든 영혼들을 얼마나 사랑하시는지를 보여주십니다.

Learn of Bible

1. 하나님의 사랑을 깨닫지 못한 요나

⑴ 선지자 요나는 니느웨에 가서 예언하라는 선교 소명을 의도적으로 어기고 다시스로 도망갑니다. 요나가 다시스로 가기 위해 거쳤던 지역은 어디입니까?

욘 1:3 "그러나 요나가 여호와의 얼굴을 피하려고 일어나 다시스로 도망하려 하여 로 내려갔더니 마침 다시스로 가는 배를 만난지라 여호와의 얼굴을 피하여 그들과 함께 다시스로 가려고 배삯을 주고 배에 올랐더라"

⑵ 하나님께서는 하나님의 명령을 어기고 다시스로 가는 배안에서 태평하게 자던 요나를 니느웨로 돌이키시기 위해 어떤 방법을 사용하십니까?

① 욘 1:4 "여호와께서 을 바다 위에 내리시매 바다 가운데에 이 일어나 배가 거의 깨지게 된지라"

② 욘 1:17 "여호와께서 이미 를 예비하사 요나를 삼키게 하셨으므로 요나가 밤낮 을 물고기 뱃속에 있으니라"

⑶ 요나로 인해 큰 폭풍이 온 것을 알고 요나의 뜻대로 그를 바다에 내던지자 곧 바다가 잠잠해졌습니다. 이 광경을 목격한 이방인들의 태도는 어떠합니까?

욘 1:15-16 "요나를 들어 바다에 던지매 바다가 뛰노는 것이 곧 그친지라 그 사람들이 여호와께 을 드리고 을 하였더라"

2. 하나님께 회개하는 요나

⑴ 다시스로 향하던 배에서 던져져 큰 물고기에게 삼켜진 요나는 밤낮 삼 일 동안 무엇을 하나요?

욘 2:1 "요나가 물고기 뱃속에서 그의 하나님 여호와께 　　　　　　하여"

(2) 하나님의 사랑을 이해하지 못했던 요나가 기도 중에 하나님께서 니느웨에 가서 심판을 예언하라고 하신 그 뜻을 깨닫고 고백합니다. 그 내용은 무엇일까요?

욘 2:8 "거짓되고 헛된 것을 숭상하는
를 버렸사오나"

(3) 하나님의 뜻을 깨달은 요나는 구원이 누구에게 속하였다고 고백합니까?

욘 2:9 "나는 감사하는 목소리로 주께 제사를 드리며 나의 서원을 주께 갚겠나이다 구원은 　　　　　　속하였나이다 하니라"

3. 하나님의 사랑 앞에 회개하는 니느웨

(1) 니느웨를 향한 하나님의 사랑은 요나를 통해 어떤 내용으로 선포되나요?

욘 3:4 "요나가 그 성읍에 들어가서 하루 동안 다니며 외쳐 이르되
이 지나면 니느웨가 　　　　　　하였더니"

(2) 선지자 요나의 외침에 니느웨 백성들과 왕은 어떻게 반응했습니까?

① 욘 3:5 "니느웨 사람들이 하나님을 　　　　　　하고 높고 낮은 자를 막론하고 굵은 　　　　　　을 입은지라"

② 욘 3:6 "그 일이 니느웨 왕에게 들리매 왕이 보좌에서 일어나 왕복을
　　　　　　앉으니라"

③ 욘 3:7 "왕과 그의 대신들이 조서를 내려 니느웨에 선포하여 이르되 사람이나 짐승이나 소 떼나 양 떼나 아무것도 입에 대지 말지니 곧 도 말 것이요 말 것이며"

(3) 니느웨 백성들과 왕은 금식을 선포하며 회개합니다. 하나님의 은혜를 구하며 어떤 고백을 합니까?

욘 3:9 "하나님이 그 우리가 그렇지 않을 줄을 누가 알겠느냐 한지라"

4. 니느웨의 구원을 싫어하는 요나

(1) 니느웨 백성들이 회개하여 구원을 받자 요나는 그것을 몹시 싫어합니다. 그리고 노하며 죽기를 청합니다. 요나는 몇 번이나 하나님께 그런 청을 할까요?

욘 4:3, 8을 읽고 답하세요.

(2) 하나님께서는 죽기를 청하는 요나에게 무어라 말씀하십니까?

욘 4:4 "여호와께서 이르시되 네가 하시니라"

(3) 하나님께서는 무엇을 사용하셔서 니느웨의 구원을 못마땅하게 여기는 요나를 책망하십니까?

욘 4:6-10을 읽고 답하세요.

(4) 불평을 늘어놓는 요나에게 하나님께서는 니느웨를 구원하신 이유를 설명하십니다. 그 내용은 무엇입니까?

욘 4:11 "하물며 이 큰 성읍 니느웨에는 좌우를 분변하지 못하는 자가 십이만여 명이요 가축도 많이 있나니 내가 어찌 아니하겠느냐 하시니라"

Application of Bible

하나님께서 우리를 먼저 부르셔서 예수님을 믿게 하신 이유는 무엇인지 의견을 나누어 보세요.

Tip of Bible

짐 엘리엇은 1952년 봄 에콰도르의 아우카 부족들에게 복음을 전하기 위하여 갑니다. 1956년 1월 8일 아우카 부족민들과 직접 만나게 되지만 외부인들에게 적대적인 그들에게 독침 공격을 받고 사망하고 맙니다. 이 사건은 미국 사회에 큰 충격을 주었고 해외 선교에 대한 회의론이 일어나게 됩니다. 그리고 많은 사람들은 젊은이들이 인생을 "불필요한 낭비(unnecessary waste)"를 한다고 비난합니다. 그 후, 그 청년들 중 한 명인 짐 엘리엇의 아내 엘리자베스는 다시 복음을 들고 그 부족으로 들어갑니다. 기적적으로 그녀는 부족 안에서 간호사로서 3년간 헌신적으로 그 부족을 섬기게 됩니다. 그리고 하나님의 사랑을 전하게 됩니다. 결국, 그 부족은 예수 그리스도를 구세주로 영접하게 되었고, 자신의 남편을 죽였던 청년은 그 부족의 목사가 되었습니다. 그렇습니다. 복음에는 "불필요한 낭비"가 없습니다.

짐 엘리엇은 다음과 같은 말을 남겼습니다. "지킬 수 없는 것을 버리는 자는 결코 어리석은 자가 아니다."

하나님의 사랑은 이처럼 오늘날에도 모든 민족과 열방에 요나와 짐 엘리엇과 같은 선교사들을 통해 전파되고 있습니다. 우리도 주님의 사랑을 전하는 선교적 삶을 살아야 할 것입니다.

제 9과

예레미야

학습 목표 | 선지자 예레미야를 통해 죄에 빠진 백성들에게 회개할 기회를 주며, 또한 새 언약을 통해 보여주시는 하나님의 사랑을 이해한다.

중심 진리 | 새 언약을 맺으시는 하나님.

본문 말씀 | 예레미야 31:31

Memory Verse | 렘 31:31

"여호와의 말씀이니라 보라 날이 이르리니 내가 이스라엘 집과 유다 집에 새 언약을 맺으리라"

Question About It

선지자 '예레미야'는 누구입니까?

① 선지자 예레미야는 유다 왢 때부터 시드기야 왕 11년까지 활동한 선지자입니다(렘 1:1-3).

② 선지자 예레미야는 선택된 이스라엘이 여호와 하나님을 배반하고 나라를 죄의 타락으로 치닫게 하는 백성을 볼 때에 통분하여 책망하지만 오히려 그들은 예레미야 선지자를 원망하고 가두고 죽이려고 하였습니다(렘 37:15-21).

View of Bible

선지자 예레미야가 활동하던 시기는 앗수르의 세력이 약해지고 바벨론의 세력이 커지면서 바벨론이 유다를 위협하는 새로운 세력으로 등장합니다. 예레미야는 유다의 마지막 다섯 명의 왕들의 통치 기간인 30년간 예루살렘에 임할 재앙에 대해 경고합니다. 그 이유는 유다는 여호와를 버리고 다른 나라를 섬기는 영적 간음의 죄를 저질렀기 때문입니다.

하나님께서는 예레미야를 통해 영적 간음을 일으킨 남 왕국 유다가 폐허와 황무지가 될 것이며, 그들은 70년간 바벨론 왕을 섬길 것이라 예언합니다. 하지만 예루살렘이 멸망하기 직전에 이스라엘이 반드시 회복될 것 또한 예언합니다.

Learn of Bible

1. 선지자로 부름 받은 예레미야

⑴ 예레미야는 선택받은 선지자입니다. 하나님의 부르심과 예레미야의 응답은 어떠했습니까?

① 부르심 | 렘 1:5 "내가 너를 모태에 짓기 전에 너를 　　　　　 네가 배에서 나오기 전에 너를 　　　　　 하였고 너를 여러 나라의 　　　　　 로 세웠노라 하시기로"

② 응답 | 렘 1:6 "내가 이르되 슬프도소이다 주 여호와여 보소서 나는 　　　　　 라 　　　　　 을 알지 못하나이다 하니"

⑵ 선지자 예레미야의 사명은 무엇입니까?

렘 1:10 "보라 내가 오늘 너를 여러 　　　　　 와 여러 　　　　　 위에 세워 네가 그것들을 뽑고 　　　　　 하며 파멸하고 넘어뜨리며 　　　　　 하고 심게 하였느니라 하시니라"

⑶ 하나님께서 선지자 예레미야를 통해서 심판하실 것을 예언하게 하셨습니다. 그 심판의 이유는 무엇입니까?

렘 2:19 "네 　　　　　 이 너를 징계하겠고 네 　　　　　 이 너를 책망할 것이라 그런즉 네 하나님 여호와를 　　　　　 과 네 속에 나를 　　　　　 이 악이요 고통인 줄 알라 주 만군의 여호와의 말씀이니라"

2. 죄를 책망하는 선지자 예레미야

(1) 예레미야 2장 7절에 "내가 너희를 기름진 땅에 인도하여 그것의 열매와 그것의 아름다운 것을 먹게 하였거늘 너희가 이리로 들어와서는 내 땅을 더럽히고 내 기업을 역겨운 것으로 만들었으며"라고 책망합니다. 이 책망을 받은 사람들은 누구이며 책망의 구체적인 이유는 무엇입니까?(렘 2:8)

① 제사장 -

② - 하나님을 알지 못함

③ 관리들 -

④ - 바알의 이름으로 예언하고 무익한 것을 따름

(2) 예레미야가 하나님의 말씀을 선포하다가 받은 고난들은 무엇입니까?

① 렘 11:8 백성들에게 따돌림을 받았다. | "그들이 순종하지 아니하며 귀를 기울이지도 아니하고 각각 그 대로 행하였으므로 내가 그들에게 행하라 명령하였어도 그들이 의 모든 규정대로 그들에게 이루게 하였느니라 하라"

② 렘 20:2 미움을 받고 매를 맞았다. | "이에 바스훌이 선지자 예레미야를 여호와의 성전에 있는 베냐민 문 위층에 목에 씌우는 나무 고랑으로 "

③ 렘 37:15 매를 맞고 옥에 갇혔다. | "고관들이 노여워하여 예레미야를 서기관 요나단의 집에 이는 그들이 이 집을 으로 삼았음이더라"

(3) 온갖 고난을 받은 예레미야였지만 그는 성실히 자신의 소명을 다합니다. 그럼에도 불구하고 돌이키지 아니하고 결국 예언대로 남 왕국 유다 백성들은

포로가 되고 맙니다. 그 예언의 내용은 어느 나라에 몇 년간 포로가 되는 것이었습니까?

렘 25:11 "이 모든 땅이 폐허가 되어 놀랄 일이 될 것이며 이 민족들은 　　　　　　　동안 　　　　　　　　　의 왕을 섬기리라"

3. 눈물의 선지자 예레미야

(1) 예레미야 선지자는 눈물의 선지자로 알려져 있습니다. 그렇다면 누구를 위하여 그는 밤낮 울어야만 했을까요?

렘 9:1 "어찌하면 내 머리는 물이 되고 내 눈은 눈물 근원이 될꼬 죽임을 당한 딸 　　　　　　　　　을 위하여 주야로 울리로다"

(2) 눈물의 선지자 예레미야는 무엇 때문에 그토록 통곡하며 울었습니까?

렘 13:17 "너희가 이를 듣지 아니하면 나의 심령이 너희 　　　　　　　으로 말미암아 은밀한 곳에서 울 것이며 여호와의 양 떼가 　　　　　　　으로 말미암아 눈물을 흘려 통곡하리라"

(3) 선지자 예레미야의 눈물은 결국 누구의 눈물일까요?

　　　　　　　　　의 눈물

Application of Bible

나라와 민족을 위해서 그리고 죄로 인해 타락해져 가는 이 세대를 향해 우리는 무엇을 할 수 있을지 나누어 보세요.

Tip of Bible

목회자이면서 독립 운동가였던 함석헌 선생님은 다음과 같은 시를 지으셨습니다.

그대 그런 사람을 가졌는가

함석헌

만리 길 나서는 길
처자를 내맡기며
맘 놓고 갈 만한 사람
그 사람을 그대는 가졌는가

온 세상이 다 나를 버려
마음이 외로울 때에도
'저 맘이야' 하고 믿어지는
그 사람을 그대는 가졌는가

탔던 배 꺼지는 시간
구명대 서로 사양하며
'너만은 제발 살아다오' 할
그 사람을 그대는 가졌는가

불의의 사형장에서
다 죽어도 너희 세상 빛을 위해
저만은 살려 두거라 일러 줄
그 사람을 그대는 가졌는가

잊지 못할 이 세상을 놓고 떠나
려 할 때
'저 하나 있으니' 하며
빙긋이 웃고 눈을 감을
그 사람을 그대는 가졌는가

온 세상의 찬성보다도
'아니' 하고 가만히 머리 흔들
그 한 얼굴
생각에 알뜰한 유혹을 물리치게
되는 그 사람을 그대는 가졌는가

오늘 나라와 민족을 그리고 죽어가는 영혼들을 위해 함께 울어줄 예레미야 선지자 같은 그 한 사람이 우리는 되어야 할 것입니다.

단원 주제
하나님께서는 새 언약을 통해 모든 민족과 열방을 구원하고자 하십니다.

단원 해설
하나님께서는 여러 선지자들을 통해서 모든 민족과 열방을 구원하실 메시아에 관한 소망을 예언하십니다.

중심 구절
"그가 찔림은 우리의 허물 때문이요 그가 상함은 우리의 죄악 때문이라 그가 징계를 받으므로 우리는 평화를 누리고 그가 채찍에 맞으므로 우리는 나음을 받았도다"(사 53:5).

단원학습목표
오실 메시아 예수 그리스도에 대한 선지자들의 예언을 이해한다.

단원핵심정리
예수 그리스도에 대한 소망

구약편 | 4단원

약속의 기다림

단원 소개

구약의 선지서는 하나님을 끊임없이 배신하는 이스라엘 백성의 죄에 대한 심판과 회복 그리고 또 다시 죄를 짓는 어리석음이 계속 반복됩니다. 하지만 하나님은 선지자들을 통해 온전한 구원과 완성을 예언케 하셨습니다. 이는 어둠속에 있는 모든 자들에게 소망의 말씀이 되었습니다.

10과에서는 이사야 선지자를 통해서 임박한 심판과 모든 사람의 죄를 대속하실 메시아와 영광스러운 하나님의 구원사역을 소개하고 있습니다. 11과에서는 선지자 요엘의 예언을 살펴볼 것입니다. 요엘은 누구든지 주의 이름을 부르는 자는 구원을 얻을 '주의 날' 이 임할 것이라고 선포합니다. 12과 말라기에서는 경건한 생활과 십일조를 통한 헌신을 발견하게 됩니다. 이처럼 하나님의 구원 사역은 선지자들을 통하여 구체적으로 예언되었고 궁극적으로 신약 시대에 와서 실현되어졌음을 알 수 있습니다.

제 10과

이사야

학습 목표 | 선지자 이사야를 통해 죄에 빠진 백성들에게 임할 심판과 다가올 영광스러운 하나님의 구원을 이해한다.

중심 진리 | 메시아가 올 것임을 예언함

본문 말씀 | 이사야 53:5

Memory Verse | 사 53:5

"그가 찔림은 우리의 허물 때문이요 그가 상함은 우리의 죄악 때문이라 그가 징계를 받으므로 우리는 평화를 누리고 그가 채찍에 맞으므로 우리는 나음을 받았도다"

Question About It

선지자 '이사야'는 누구입니까?

① 선지자 이사야는 귀족 출신 아모스의 아들이며
을 예언한 선지자입니다.

② 선지자 이사야는 BC 722년에 북 왕국이 앗수르에 의해 망한 뒤에 주로 에서 활동하였습니다.

② 선지자 이사야는 , , 아하스, 4대 동안 예언 활동을 하였습니다(사 1:1).

View of Bible

이사야는 남쪽 유다 왕국에서 60년 동안 사역했습니다. 그는 네 명의 왕이 다스리는 동안 유다 백성에게 회개를 촉구했습니다. 그러나 예루살렘과 유다 백성은 회개하기보다 죄의 길을 더 좋아했습니다. 유대 전승에 의하면 이사야는 므낫세 왕에 의해 참수를 당했다고 합니다. 이사야는 멸망을 예언했지만 궁극적으로 메시아가 오셔서 이 땅이 하나님의 나라로 회복되고 하나님께서 의도하셨던 구원이 이루어질 것이라고 예언했습니다.

Learn of Bible

1. 소명 받은 선지자 이사야

(1) 선지자 이사야가 하나님의 부르심을 받을 때 자신은 입술이 부정한 사람이라고 고백합니다. 그 때 하나님의 사자인 스랍 하나가 날아와 부젓가락으로 제단에서 집은 핀 숯으로 이사야의 입에 대어줍니다. 이 때 어떤 말을 하였나요?

사 6:7 "그것을 내 입술에 대며 이르되 보라 이것이 네 입에 닿았으니

이 제하여졌고 졌느니라 하더라"

(2) 하나님께로부터 죄 사함을 받은 이사야는 하나님의 부르심에 어떻게 응답하나요?

사 6:8 "내가 또 주의 목소리를 들으니 주께서 이르시되 내가 누구를 보내며 누가 우리를 위하여 갈꼬 하시니 그 때에 내가 이르되 나를 하였더니"

(3) 하나님의 심판은 비유로 밤나무와 상수리나무가 베임을 당할 것이라고 말합니다. 하지만 거룩한 씨가 남아 있을 것이라는 소망의 말씀을 하십니다. 이 거룩한 씨는 무엇으로 비유가 되었나요?

사 6:13

2. 선지자 이사야의 예언

(1) 이사야 1장 7–9절에 예루살렘과 유다의 땅이 어떻게 될 것이라고 예언하고 있습니까?

사 1:7–9 "너희의 땅은 하였고 너희의 성읍들은 너희의 토지는 너희 목전에서 이방인에게 삼켜졌으며 이방인에게 파괴됨 같이 하였고 딸 시온은 포도원의 망대 같이, 참외밭의 원두막 같이, 에워싸인 성읍 같이 겨우 남았도다 만군의 여호와께서 우리를 위하여 생존자를 조금 남겨 두지 아니하셨더면 우리가 같고 같았으리로다"

(2) 철저하게 멸망당한 유대 백성은 그 후에 어떻게 될 것임을 예언하고 있습니까?

사 39:6–7 "보라 날이 이르리니 네 집에 있는 모든 소유와 네 조상들이 오늘까지 쌓아 둔 것이 모두 바벨론으로 남을 것이 없으리라 여호와의 말이니라 또 네게서 태어날 자손 중에서 몇이 바벨론 왕궁의 환관이 되리라 하셨나이다 하니"

(3) 선지자 이사야는 하나님의 심판이 임한 이후 궁극적으로 어떤 일이 일어날 것이라고 예언하고 있습니까?

사 2:4 평화의 날 | "그가 열방 사이에 판단하시며 많은 백성을 판결하시리니 무리가 그들의 그들의 이며 이 나라와 저 나라가 다시는 칼을 들고 서로 치지 아니하며 다시는 하지 아니하리라"

3. 그리스도를 예언한 선지자 이사야

(1) 이사야 선지자는 예수 그리스도의 동정녀 탄생을 예언하였습니다. 처녀가 잉태하여 아들을 낳을 것이고 그 이름을 무엇이라고 말합니까?

사 7:14 "그러므로 주께서 친히 징조를 너희에게 주실 것이라 보라 처녀가 잉태하여 아들을 낳을 것이요 그의 이름을 　　　　　　이라 하리라"

(2) 예수 그리스도의 탄생을 예언한 이사야는 임마누엘의 하나님을 어떻게 표현하고 있습니까?

사 9:6 "이는 한 아기가 우리에게 났고 한 아들을 우리에게 주신 바 되었는데 그의 어깨에는 　　　　　　 그의 이름은 　　　　　　라, 　　　　　　라, 　　　　　　이라, 　　　　　　라, 　　　　　　이라 할 것임이라"

(3) 선지자 이사야는 오실 메시아가 그의 백성을 위해 무엇을 하신다고 예언합니까?

사 53:3-6 "그는 멸시를 받아 사람들에게 버림 받았으며 간고를 많이 겪었으며 질고를 아는 자라 마치 사람들이 그에게서 얼굴을 가리는 것 같이 멸시를 당하였고 우리도 그를 귀히 여기지 아니하였도다 그는 실로 우리의 　　　　　　 우리의 　　　　　　을 당하였거늘 우리는 생각하기를 그는 징벌을 받아 하나님께 맞으며 고난을 당한다 하였노라 그가 찔림은 우리의 　　　　　　 때문이요 그가 상함은 우리의 　　　　　　 때문이라 그가 　　　　　　를 받으므로 우리는 평화를 누리고 그가 　　　　　　 우리는 나음을 받았도다 우리는 다 양 같아서 그릇 행하여 각기 제 길로 갔거늘 여호와께서는 우리 모두의 　　　　　　 시키셨도다"

Application of Bible

이사야는 하나님의 부르심에 "내가 여기 있나이다"라고 말합니다. 그리고 오실 예수 그리스도에 대한 소망의 메시지를 남깁니다. 예수님께서 오늘 우리를 부르신다면 어떻게 할 것인지 나누어 보세요.

Tip of Bible

제2차 세계대전 때 일어난 일화입니다. 독일의 어떤 숲 속 외딴 오두막에 어머니와 어린 소년이 도망쳐 숨어 살았습니다. 어두운 밤 갑자기 문 두드리는 소리에 나가보니 전투 중에 낙오된 독일군 세 사람이 도움을 청하고 있었습니다. 어머니가 그들을 들어오게 하고 음식을 준비하는 동안, 또다시 누군가가 밖에서 문을 두드립니다. 문을 열고 나가보니 부상당한 미군 세 사람이 하룻밤 쉬어가기를 청하는 것입니다. 생명이 위협받는 긴장된 순간이었습니다. 하지만 성탄절을 하루 앞둔 성탄 전야에 서로 싸우지 말자고 설득합니다. 그리고 성탄절 동안 그들은 오두막에서 치료받고 식사를 하며 함께 보냅니다. 다음날 서로 작별의 악수를 나누고는 반대 방향으로 헤어졌습니다.

이사야 선지자는 하나님의 나라가 임하면 전쟁은 끝나고 모두가 평화롭게 살 수 있다고 예언하였습니다. 그리고 마침내 예수 그리스도께서 오셔서 참된 평화의 왕이 되셨습니다. 그러므로 모든 사람이 예수님을 믿고 그분의 말씀에 순종할 때 참된 하나님의 나라가 세워지는 것입니다. 그 놀라운 하나님의 사랑을 알라고 전해야 할 까닭이 여기에 있는 것입니다.

제 11과

요엘

학습 목표 | 선지자 요엘이 예언한 이스라엘 백성에게 임할 심판과 다가올 영광스러운 여호와 '주의 날'을 이해한다.

중심 진리 | 여호와 '주의 날'을 예언함

본문 말씀 | 요엘 2:32

Memory Verse | 욜 2:32

"누구든지 여호와의 이름을 부르는 자는 구원을 얻으리니 이는 나 여호와의 말대로 시온 산과 예루살렘에서 피할 자가 있을 것임이요 남은 자 중에 나 여호와의 부름을 받을 자가 있을 것임이니라"

Question About It

선지자 '요엘' 은 누구입니까?

① 선지자 요엘은 의 아들입니다(욜 1:1).

② 선지자 요엘은 유다에 대한 하나님의 과 을 알려줍니다.

③ 선지자 요엘은 여호와의 날, 을 알려줍니다(욜 2:28-29).

View of Bible

요엘이 활동한 시대는 정확하게 알려지지 않았습니다. 아마도 말라기와 동시대에 활동하며 여호와의 날에 대하여 예언하였을 것입니다. 환상 중에 메뚜기 떼의 재앙은 성읍과 나라를 황폐케 합니다. 요엘은 전국적인 기도의 날을 선포합니다. 백성들이 회개한다면, 하나님께서 완전히 회복시켜 주실 것이라고 말합니다. 그리고 회복된 이스라엘은 하나님의 축복을 온 열방과 나눌 것입니다.

Learn of Bible

1. 눈물의 기도를 가르치는 선지자 요엘

⑴ 요엘은 유다 백성의 죄로 인해 이민족이 침입할 것을 알고 눈물의 기도, 회개의 기도를 요청합니다. 이때 유다를 침입하는 나라는 어떤 동물로 표현되었습니까?

욜 1:6 "다른 한 민족이 내 땅에 올라왔음이로다 그들은 강하고 수가 많으며 그 이빨은 　　　　　　 의 이빨 같고 그 어금니는 　　　　　　 의 어금니 같도다"

⑵ 선지자 요엘은 자신들의 죄를 돌아보며 울며 기도하라고 하였습니다. 어떤 사람들에게 울라고 하였습니까?

① 욜 1:9 "소제와 전제가 여호와의 성전에서 끊어졌고 여호와께 수종드는 　　　　　　 은 슬퍼하도다"

② 욜 1:11 " 　　　　　　 아 너희는 부끄러워할지어다 포도원을 가꾸는 자들아 곡할지어다 이는 밀과 보리 때문이라 밭의 소산이 다 없어졌음이로다"

③ 욜 1:13 "제사장들아 너희는 굵은 베로 동이고 슬피 울지어다 제단에 　　　　　　 들아 너희는 울지어다 내 하나님께 　　　　　　 들아 너희는 와서 굵은 베 옷을 입고 밤이 새도록 누울지어다 이는 소제와 전제를 너희 하나님의 성전에 드리지 못함이로다"

2. 금식일을 정하고 성회를 소집하는 선지자 요엘

(1) 선지자 요엘이 금식과 성회를 소집하는 이유가 무엇입니까?

욜 1:15 "슬프다 그 날이여 　　　　　　　　이 가까웠나니 곧 　　　　　　같이 전능자에게로부터 이르리로다"

(2) 요엘 선지자가 백성들에게 금식할 것을 요청한 구절을 읽고 빈칸을 채우세요.

① 욜 1:14 "너희는 　　　　　　　　을 정하고 성회를 소집하여 장로들과 이 땅의 모든 주민들을 너희 하나님 여호와의 성전으로 모으고 　　　　　　　　　　　　　　"

② 욜 2:12 "여호와의 말씀에 너희는 이제라도 　　　　　　하고 울며 애통하고 마음을 다하여 　　　　　　　　　　하셨나니"

(3) 선지자 요엘은 이스라엘 백성이 애통하며 금식하고 기도할 때 하나님은 이를 어떻게 여기실 것이라고 말합니까?

욜 2:18 "그 때에 여호와께서 자기의 땅을 극진히 　　　　　　하시어 그의 백성을 　　　　　　　　여기실 것이라"

3. 여호와의 날을 선포한 선지자 요엘

(1) 여호와의 날에는 어떤 일이 일어납니까?

욜 2:30 "내가 이적을 하늘과 땅에 베풀리니 곧 　　　　와 　　　　과 　　　　이라"

(2) 여호와의 날의 특징은 무엇입니까?

① 욜 2:2 "곧 　　　　　　　　 날이요 짙은 구름이 덮인 날이라 새벽 빛이 산 꼭대기에 덮인 것과 같으니 이는 많고 강한 백성이 이르렀음이라 이와 같은 것이 옛날에도 없었고 이후에도 대대에 없으리로다"

② 욜 2:3 " 　　　　 이 그들의 앞을 사르며 　　　　 이 그들의 뒤를 태우니 그들의 예전의 땅은 에덴 동산 같았으나 그들의 나중의 땅은 황폐한 들 같으니 그것을 피한 자가 없도다"

Application of Bible

선지자 요엘은 하나님의 심판 앞에 금식과 성회를 선포합니다. 그리고 여호와의 날과 성령 강림을 예언합니다. 오늘 이 시대의 죄 된 문화와 각 개개인의 죄의 문제를 생각할 때 우리는 어떤 자세를 가져야 할까요? 나누어 보세요.

Tip of Bible

에이즈로 죽어가는 한 여인을 목사님이 심방했습니다. 목사님이 그녀를 위해 하나님의 말씀으로 위로합니다. 하지만 여인은 냉담하게 반응합니다. "나는 버림받은 영혼입니다. 나의 인생뿐 아니라 주변 사람들의 행복까지 망쳐놓은 죄인입니다." 목사님은 환자의 병실을 둘러보다 벽에 걸려있던 예쁜 여자아이의 사진 한 장을 발견합니다. "저 아이는 누구죠?" 절망에 휩싸여 있던 여인의 화색이 밝아지며 말합니다. "제 딸입니다. 귀엽죠? 제 삶에 가장 소중한 보물입니다." 목사님은 말합니다. "만약 저 아이가 어려움에 빠진다면 당신은 도와줄 건가요? 실수를 한다면 용서해주고 계속해서 사랑해줄 수 있나요?" 여인이 대답합니다. "물론입니다. 나는 저 아이를 위해서라면 무엇이든 할 수 있습니다." 목사님은 부드럽게 여인에게 말합니다. "왜냐하면, 하나님의 방에도 당신의 사진이 붙어있기 때문입니다."

사도 바울은 성령님께서 말할 수 없는 탄식으로 우리를 위하여 친히 간구하신다고 말합니다. 그러므로 우리는 늘 하나님께 기도하며 겸손히 주의 뜻을 좇아 담대히 행하며 살아야 하는 것입니다. 어떤 어려움이 닥쳐도 하나님의 인도하심을 믿어야 하는 것입니다.

제 12과

말라기

학습 목표 | 선지자 말라기를 통해 경건의 삶의 회복과 오실 메시아에 대한 예언을 이해한다.

중심 진리 | 회복의 소망

본문 말씀 | 말라기 1:11

Memory Verse | 말 1:11

"만군의 여호와가 이르노라 해 뜨는 곳에서부터 해 지는 곳까지의 이방 민족 중에서 내 이름이 크게 될 것이라 각처에서 내 이름을 위하여 분향하며 깨끗한 제물을 드리리니 이는 내 이름이 이방 민족 중에서 크게 될 것임이니라"

Question About It

선지자 '말라기'는 누구입니까?

① 선지자 말라기는 구약 성경의 마지막 ______ 입니다.

② 선지자 말라기는 ______ 생활은 축복의 약속이라고 강조하였습니다(말 3:10).

View of Bible

말라기는 느헤미야와 동시대의 인물이지만 느헤미야가 죽고 난 뒤에야 활동한 것으로 추정됩니다. 말라기 당시 모든 종교 의식이 본질적 의미는 빠진 채 형식만 있었습니다. 제사장들은 율법을 가르치는 그들의 의무를 소홀히 했고, 백성들은 서로에게 신실하지 못했으며, 마술, 간음, 거짓 맹세, 가난한 자들에 대한 억압 등 온갖 죄의 길로 행했던 것입니다.
여호와 하나님이 보시기에 이는 하나님을 떠난 백성들의 모습입니다. 심판의 때가 다가올 때 하나님께서는 충성된 사람들을 보호하실 것입니다. 그리고 마지막으로 언약을 주신 것을 회고해 보고 여호와의 날을 기다리라고 말라기 선지자는 권면합니다.

Learn of Bible

1. 경건한 신앙생활을 가르치는 선지자 말라기

⑴ 선지자 말라기는 백성들에게 하나님에 대한 불순종을 지적합니다. 하지만 백성들은 회개하는 대신 변명을 합니다. 어떤 변명을 하나요?

① 말 1:2 어떻게 우리를

② 말 1:6 어떻게 주의 이름을

③ 말 1:7 어떻게 주를

④ 말 2:17 어떻게 여호와를 ,

또 말하기를 정의의 하나님이 함이니라

⑵ 선지자 말라기는 백성들이 드리는 온전하지 못한 제물들에 대하여 말합니다. 그들은 더러운 떡, 눈먼 생축, 저는 것, 병든 것을 하나님께 드렸습니다. 이는 명백히 하나님을 등한히 여기는 행위였던 것입니다. 하나님께서는 이들이 드리는 제물에 대하여 어떻게 말씀하십니까?

말 2:13 "여호와께서 다시는 너희의 봉헌물을
그것을 너희 손에서 "

⑶ 선지자 말라기는 경건한 생활의 첫 걸음은 가족의 경건이라고 말합니다. 경건하지 않은 가정 가운데 하나님께서 미워하시는 것은 무엇입니까?

말 2:16 "이스라엘의 하나님 여호와가 이르노니 나는 하는 것과 옷으로 를 가리는 자를 미워하노라 만군의 여호와의 말이니라 그러므로 너희 심령을 삼가 지켜 을 행하지 말지니라"

2. 십일조의 회복을 선포하는 선지자 말라기

(1) 구약의 십일조는 어떤 용도로 사용되었습니까?

① 제사장 지파인 레위인을 위한 생활비 | 민 18:21 "내가 이스라엘의 십일조를 　　　　　　　　　　으로 다 주어서 그들이 하는 일 곧 　　　　　　　　　　을 갚나니"

② 구제비 | 신 14:28-29 "매 삼 년 끝에 그 해 소산의 　　　　　　　　　　을 다 내어 네 성읍에 저축하여 너희 중에 분깃이나 기업이 없는 레위인과 네 성중에 거류하는 　　　　　　과 및 　　　　　　　　　　들이 와서 먹고 배부르게 하라 그리하면 네 하나님 여호와께서 네 손으로 하는 범사에 네게 복을 주시리라"

(2) 말라기 선지자는 십일조를 통한 하나님의 축복을 알려주었습니다. 어떤 축복을 받게 될까요?

말라기 3:11-12 "만군의 여호와가 이르노라 내가 너희를 위하여 　　　　　　　　　　너희 토지 소산을 먹어 없애지 못하게 하며 너희 밭의 　　　　　　　　　　 모든 이방인들이 너희를 복되다 하리라 만군의 여호와의 말이니라"

3. 그리스도의 오심을 예언한 선지자 말라기

(1) 선지자 말라기는 그리스도의 오심을 예언합니다. 다음 구절을 읽고 어떤 내용인지 찾아 적어보십시오.

① 말라기 3:1 | 언약의 사자 "만군의 여호와가 이르노라 보라 내가 　　　　　　　　그가 내 앞에서 길을 준비할 것이요 또 너희가 구하는 바 주가 갑자기 그의 성전에 임하시리니 곧 너희가 사모하는 바 　　　　　　　　가 임하실 것이라"

② 말라기 4:1 | 심판자 "만군의 여호와가 이르노라 보라 용광로 　　　　　　　　이 이르리니 교만한 자와 악을 행하는 자는 다 지푸라기 같을 것이라 그 이르는 날에 그들을 살라 그 뿌리와 가지를 남기지 아니할 것이로되"

③ 말라기 4:2 | 치료자 "내 이름을 경외하는 너희에게는 공의로운 해가 떠올라서 　　　　　　　　너희가 나가서 외양간에서 나온 송아지 같이 뛰리라"

Application of Bible

말라기 선지자는 경건의 삶에 대하여 가정의 회복과 신앙의 의무를 가르칩니다. 지금 우리는 화목한 가정을 이루기 위해서 가족의 의무를 다하고 있습니까? 교회 공동체에서 신앙의 의무를 다하고 있습니까? 또한 오신 메시아에 대한 감격을 누리는 삶을 살고 있습니까? 서로 나누어 보세요.

Tip of Bible

존 스토트는 그의 저서 《제자도》에서 '급진적 제자도'라는 말을 사용합니다. 그 이유는 그리스도인이라는 말은 신약 성경에 세 번 밖에 나오지 않지만 제자라는 용어는 더 강력한 의미로 여러 차례 사용됐기 때문이라고 말합니다. 또한 예수님께서 우리의 주님이시기에 우리에게는 선택할 권리가 없습니다. 그러므로 모든 그리스도인들은 예수님의 제자입니다. 그리고 예수님의 제자들은 급진적일 수밖에 없는 것입니다.

저자는 급진적 제자가 갖추어야 할 8가지 특성을 설명합니다.

첫째는 불순응입니다. 이는 세상에 오염되지 말아야 함을 의미합니다. 세상에서 도피하여 거룩함을 보존하려 해서도 안 되고 세상에 순응하여 거룩함을 희생시켜서도 안 되는 것입니다. 그러므로 급진적 제자들은 세상 풍속에 맞서야 한다는 것입니다.
둘째는 닮음입니다. 바로 예수 그리스도를 닮아가는 것이야말로 급진적 제자도의 핵심입니다. 예수 그리스도는 십자가의 고난도 마다하지 않고 하나님의 뜻에 순종하는 급진적 자세를 보여주십니다.
셋째는 성숙입니다. 하나님은 '깊이 없는 성장'을 결코 기뻐하지 않습니다. 오늘날 교회들은 매우 크게 성장했습니다. 하지만 얼마큼 하나님에 대하여 깊이 있는 신앙으로 성숙해져 있는지 반성해야 할 것입니다.
넷째, 창조 세계를 돌보는 것입니다. 우리는 신음하는 창조 세계를 청지기로서 해방시키고 보호해야 할 의무가 있는 것입니다.
다섯째, 단순한 삶을 살아야 합니다. 많은 경우 그리스도인들이 돈과 소유의 문제로 시험 들고 넘어지는 것을 볼 수 있습니다. 그러므로 이런 것들로부터 단순해져야 합니다.
여섯 번째는 균형입니다. 우리는 세상과 교회 공동체로써 균형을 잘 잡아야 합니다.
일곱째, 의존입니다. 우리는 서로를 의존하도록 하나님께서 만드셨습니다. 가족의 삶, 그리고 지역 교회의 삶 역시 서로에게 짐이 되는 삶이어야 합니다.
마지막으로 죽음입니다. 성경은 죽음을 생명의 끝이 아니라 영원한 생명으로 가는 문이라고 말합니다. 그러므로 죽음을 두려워하지 말아야 진정으로 급진적 제자가 되는 것입니다. 우리는 말라기 선지자가 가르쳐 준 경건한 삶을 예수 그리스도를 좇는 급진적 제자도로 구체적으로 살아내야 하는 것입니다. 이러한 삶을 통해 하나님의 축복의 통로가 되는 것입니다.

"그러나 너희는 택하신 족속이요 왕 같은 제사장들이요 거룩한 나라요 그의 소유가 된 백성이니 이는 너희를 어두운 데서 불러 내어 그의 기이한 빛에 들어가게 하신 이의 아름다운 덕을 선포하게 하려 하심이라"(벧전 2:9).

Memo

6권

틴틴파워 In Jesus 인 지저스

청소년 핵심공과 구약편

6권

틴틴파워 In Jesus

인 지저스

청소년 핵심공과 6권 | 신약편

요단

CONTENTS

1단원 복음의 중심에서

제 1과 바울 4

제 2과 누가 10

제 3과 바나바 16

2단원 복음을 외치다

제 4과 스데반 24

제 5과 마가 30

제 6과 실라 38

3단원 그들 속에도

제 7과 고넬료 46

제 8과 다비다 52

제 9과 뵈뵈 58

4단원 성장의 기쁨

제 10과 디모데 66

제 11과 브리스길라와 아굴라 72

제 12과 아볼로 78

단원 주제

복음의 중심에서

단원 해설

초대교회가 예루살렘을 넘어 땅끝까지 가기까지 최전방에서 복음전도의 사역을 감당했던 사람들인 바울과 누가와 바나바의 삶의 모습을 통해 우리가 그리스도인으로서 어떤 자세를 가지고 살아야 할지를 배웁니다.

중심 구절

"하나님의 나라를 전파하며 주 예수 그리스도에 관한 모든 것을 담대하게 거침없이 가르치더라"(행 28:31).

단원학습목표

복음의 중심에서 복음을 전했던 사람들의 삶의 자세를 배웁니다.

단원핵심정리

복음의 중심에서 사역했던 사람들의 열심, 헌신, 희생

신약편 | 1단원 **복음의 중심에서**

단원 소개

예수님의 십자가 처형 이후 제자들은 흩어지고 예수님의 복음은 끝난 것처럼 보였습니다. 그러나 그것은 끝이 아니라 새로운 시작이었습니다. 예수님은 약속대로 삼 일 만에 부활하셨고 사십일 동안 제자들에게 나타나시고 하나님 나라의 일을 말씀하신 후 하늘로 올라가셨습니다. 오순절 성령의 강력한 임재 이후 예수 그리스도의 복음으로 무장된 사역자들에 의해 초대교회는 날마다 구원받는 사람의 수가 늘어갔습니다.

1단원에서는 복음이 예루살렘을 넘어 온 유대와 사마리아와 땅 끝까지 이르는 길에서 모든 것을 바쳐 헌신했던 세 명의 인물에 대해 배우게 됩니다. 이들 복음사역자들이 가졌던 전도의 열심과 하나님에 대한 헌신, 모든 것을 포기하는 자기희생이 있었기에 우리에게까지 예수 그리스도의 복음은 전해질 수 있었습니다.
1과에서는 사도바울이 다메섹에서 예수님을 만남으로 변화되어 이방인을 위한 사도로 세워져 1, 2, 3차의 전도여행 이후 예루살렘에서 유대인들의 고발에 의해 체포되어 로마에 죄인의 신분으로 감금된 상황에서도 포기하지 않는 복음전도의 열심을 공부합니다.
2과에서는 바울의 옥중서신에서만 단 세 번 언급된 누가의 삶을 통해 복음전도자가 가져야하는 헌신과 신실함의 자세를 배우게 됩니다.
3과에서는 핍박자였던 바울을 믿어주고 안디옥 교회의 지도자로 세워주는 바나바의 모습을 통해 다른 사람을 세우고 자신을 낮추는 진정한 믿음의 자세를 공부할 것입니다.

제 1과 바울
복음 전도의 열심

학습 목표 | 사도 바울이 가졌던 복음전도의 열심을 안다.

중심 진리 | 초대교회는 어떠한 상황에서도 복음전도를 포기하지 않고 예수님을 전했던 사도 바울과 같은 선교 사역자들에 의해 성장했다.

본문 말씀 | 사도행전 28:16-31

Memory Verse | 행 28:31

"하나님의 나라를 전파하며 주 예수 그리스도에 관한 모든 것을 담대하게 거침없이 가르치더라"

Question About It

'바울' 은 누구인가요?

① 바울은 로마이름으로 라는 뜻으로 히브리 본명은 '사울' 입니다.

② 길리기아 에서 태어났으며(행 22:3) 출생 시부터 시민권자였습니다(행 22:27-28).

③ 다메섹으로 가는 길에서 예수님을 만난 이후 회심했으며 하나님께서 그를 을 위한 사도로 세우셨습니다(행 22:21).

④ 선교사역을 위한 재정을 충당하기 위해 만드는 일을 하였습니다(행 18:3).

View of Bible

바울이 쓴 서신들과 사도행전에서의 바울에 관한 이야기는 사복음서를 제외하고 신약성경의 가장 많은 양을 차지하고 있습니다. 만약 신약성경에서 바울과 관련된 부분을 뺀다면 신약성경은 지금보다 더 홀쭉해질 것입니다. 바울은 길리기아 지역의 수도인 다소에서 로마 시민권자로 태어났습니다. 이방지역에서 태어난 디아스포라 유대인이었던 바울은 예루살렘으로 유학을 와서 당시 유명한 선생이었던 가말리엘의 문하에서 랍비교육을 받았습니다. 바울은 당시 유대교 안에서 최고의 엘리트 코스를 밟았던 앞길이 유망한 청년이었습니다. 바울은 유대교에 대한 열심으로 예수님을 따르는 제자들을 박해했습니다. 그는 예수를 믿는 사람들을 잡아 옥에 넘겼고 회당에서 때렸으며 죽이기까지 했습니다. 바울은 계속적으로 예수님을 믿는 제자들을 핍박했는데 예루살렘을 넘어 다른 지역으로 간 그리스도인들을 잡기 위해 다메섹으로 가는 열심을 보였습니다. 그러나 그리스도인들을 핍박하기 위해 다메섹으로 가는 길 위에서 바울은 하늘로부터 밝은 빛과 예수 그리스도의 음성을 듣고 회심하게 됩니다. 여기서 예수님과 교회의 핍박자였던 바울은 예수님과 교회의 전파자로 완전히 거듭났습니다. 바울은 이방인을 위한 사도로서 초대교회 시대 어떤 선교사보다 복음을 전하기 위한 긴 선교여행을 했습니다. 그는 10년 동안 3차에 걸친 선교여행을 했으며 로마에서 죽기까지 30년간 20여 개 도시에 교회를 세우게 됩니다.

Learn of Bible

바울은 평생 로마의 지배하에 있는 많은 도시들을 다니며 복음을 전했고 로마에 가서 복음을 전하기를 소망했습니다. 바울은 3차 선교여행 이후 예루살렘을 방문했습니다. 이때 바울은 유대인들이 고소하여 체포되었고 여러 어려운 상황을 겪으며 죄인의 신분으로 로마에 도착하게 됩니다.

1. 바울은 로마에서 어떤 상황에서 생활하게 되었습니까?(행 28:16)

2. 바울은 사흘 후에 유대인 중 높은 사람을 자신이 있는 곳으로 초청해 자신이 죄인으로서 로마에 오게 된 상황을 설명했습니다. 그들은 날짜를 정해 바울의 사상을 듣기로 하였습니다. 바울은 그들 앞에서 무엇을 말합니까?(행 28:23)

3. 바울이 유대인들에게 복음을 전했을 때 믿는 사람도 있고 믿지 않는 사람도 있었습니다(행 28:24). 바울은 유대인들에 의해 고소되어 잡힌 이후 죄인의 신분으로 로마까지 오는데 2년이 넘게 걸렸을 뿐 아니라 죄 없이 매 맞고 감금되고 광풍을 만나 배가 난파되는 등 생명의 위협을 느끼며 많은 어려움을 겪었습니다. 그럼에도 유대인에게 복음을 전하는 이유는 무엇일까요?

4. 바울은 흩어지는 유대인들을 향해 무엇을 말합니까? 사도행전 28장 25-28절을 읽고 빈칸을 채워주세요. 그리고 복음이 이방인에게로 보내진 이유를 무엇이라고 설명하는지 적어보세요.

"서로 맞지 아니하여 흩어질 때에 바울이 한 말로 이르되 성령이 선지자 이사야를 통하여 너희 조상들에게 말씀하신 것이 옳도다. 일렀으되 이 백성에게 가서 말하기를 너희가 듣기는 들어도 도무지 깨닫지 못하며 보기는 보아도 도무지 알지 못하는도다. 이 백성들의 마음이 우둔하여져서 그 귀로는 둔하게 듣고 그 눈은 감았으니 이는 눈으로 보고 귀로 듣고 마음으로 깨달아 돌아오면 내가 고쳐 줄까 함이라 하였으니

그들은 그것을 들으리라 하더라"(행 28:25-28).

복음이 이방인에게 전해진 이유:

5. 이후 바울은 2년간 로마 셋집에서 감금생활을 하게 됩니다. 자유롭게 다닐 수 없는 감금된 상황에서 바울은 어떤 일을 했나요?(행 28:30-31)

2년간의 로마 감금생활이 끝난 이후 사도 바울의 행적에 대해서는 성경에 정확하게 기록되어 있지 않습니다. 우리는 교회의 전승을 통해 63년경에 석방된 이후 바울이 서바나(스페인)에 가서 선교활동을 했거나 혹은 소아시아 지방과 헬라(그리스) 지방에서 계속해서 복음을 전했으리라 추측하고 있습니다. 이후 64년 로마 시가지에 큰 불이 났고 불을 낸 방화범이 그리스도인이라는 소문이 돌면서 로마황제 네로에 의한 무서운 핍박이 시작됩니다. 바울은 기독교인 박해가 극에 달했을 때 다시 체포되어 67년경 순교한 것으로 전해집니다.

Application of Bible

우리는 오늘 바울이 억울하고 고소당해 오랫동안 시련을 겪고 로마에 의해 감금된 상황 속에서도 포기하지 않고 주 예수 그리스도를 전하고 순교하기까지 끊임없이 복음을 전한 것을 알게 되었습니다. 이 시간에는 바울을 통해 여러분이 느낀 점을 써 보세요.

Tip of Bible

"내가 가라는 곳으로 가라."

이슬람을 믿는 중앙아시아의 어느 나라에서 평생을 핍박과 감시 속에서 목사로 사역하신 67세의 고려인 할머니가 계십니다. 20년 전 선교사에 의해 복음을 받았고 이후 남편과 함께 교회를 개척해 지하교회에서 사역하시다 3년 전 할아버지는 천국으로 가셨습니다. 할머니는 홀로 150명이 넘는 성도들을 이끄시며 제자를 키우고 목회자를 세우며 전도와 양육에 쉬지 않으셨습니다. 그러다 2012년 1월, 제자들 가운데 한명에게 안수를 주어 목사로 세우셨습니다.

그리고 이제는 딸이 사역하는 R국으로 갈지 아들이 사역하는 H국으로 갈지 고민하시던 중 당신이 살아온 나라보다 더 핍박이 심하고 강퍅한 모슬렘 사람들이 사는 U국으로 선교를 나간 자매를 통해 그 나라에 와 주실 것을 부탁받으셨습니다. U국 사람들은 너무나 하나님을 받아들이는 마음이 적어 목사님이 오셔서 사역해주셨으면 하는 것입니다. 그때 할머니 목사님의 마음이 뜨거워졌습니다. 그리고 하나님이 말씀하셨습니다. "너는 내가 가라는 곳으로 가라." 그러나 다른 사람들은 할머니 목사님을 걱정하였습니다. 함께 선교를 해 오신 어느 목사님은 그 나라로 가면 다시는 돌아오지 못할 것이라고 말씀하시기도 했습니다. 67세의 할머니 목사님은 이제까지 그랬던 것처럼 하나님의 음성에 순종하기로 결정하셨고 2012년 6월 하나님이 가라고 하신 강한 모슬렘 지역에서의 사역을 시작하십니다.

"내가 개척한 교회에는 이슬람을 믿는 여러 나라 사람들이 있습니다. 나는 그들이 이 교회에서 훈련받아 앞으로 기독교를 거부하는 자신의 나라에 가서 복음을 전하는 모습을 봅니다. 하나님은 아무것도 아닌 할머니인 나를 지금보다 더 강퍅한 모슬렘 사람들이 사는 나라에 보내십니다. 그 이유는 늙은 내가 모든 것을 버리고 나가 선교하는 모습을 보며 나의 제자들이 저런 할머니도 나가는데, 내가 왜 못할까! 나도 할 수 있다는 용기를 주기 위해서입니다. 그래서 나는 순종할 뿐입니다. 이미 하나님은 모든 것을 준비하고 계십니다."

사도행전에서 보여주었던 바울의 선교여행은 세계에 흩어져 있는 충성된 하나님의 종들에 의해 아직도 계속되고 있습니다. 그리고 이 영광스러운 역사에 등장할 다음 세대의 일꾼을 하나님은 찾고 계십니다.

제 2과 누가

마지막까지 바울을 도왔던 복음의 동역자

학습 목표 | 복음의 동역자이며 의사였던 누가의 헌신과 신실함을 안다.

중심 진리 | 초대교회는 복음전도를 위해 바울의 선교사역을 끝까지 도왔던 전문인 사역자들에 의해 성장했다.

본문 말씀 | 골로새서 4:14, 빌레몬서 1:24, 디모데후서 4:11

Memory Verse | 딤후 4:11

"누가만 나와 함께 있느니라"

Question About It

'누가' 는 누구인가요?

① 이름의 뜻은 입니다.

② 누가는 이방인이었고 그의 직업은 였습니다(골 4:14).

③ 바울의 2차와 3차 선교여행에 동행했으며 바울이 로마 감옥에 투옥되었을 때는 끝까지 바울과 함께 있었습니다(딤후 4:11).

View of Bible

골로새서 4:14 "사랑을 받는 의사 누가와 또 데마가 너희에게 문안하느니라"
빌레몬서 1:24 "또한 나의 동역자 마가, 아리스다고, 데마, 누가가 문안하느니라"
디모데후서 4:11 "누가만 나와 함께 있느니라 네가 올 때에 마가를 데리고 오라 그가 나의 일에 유익하니라"

누가의 이름은 위에 적혀있는 대로 바울이 쓴 편지를 통해 신약성경에 세 번 나옵니다. 이 세 개의 편지는 모두 옥중서신인데 이는 바울이 로마의 감옥에서 기록한 것입니다. 이 말씀들을 통해 우리는 누가가 어떤 인물이었는지 짐작할 수 있습니다. 누가는 바울에게 있어서 사랑받는 의사(골 4:14)였고 선교사역의 동역자(몬 1:24)였습니다. 바울이 로마에서 처음 감금되었던 2년 동안 바울과 함께 있었고 순교하기 직전 두 번째로 로마에서 감옥에 투옥되었을 때에는 모두가 떠나고 누가만이 바울을 지켰습니다(딤후 4:11). 두 번째 로마에서의 투옥은 첫 번째와는 비교할 수 없이 어려운 상황이었고 죽음을 직전에 둔 때였습니다. 바울의 인생에서 가장 늙고 외롭고 힘들었던 시간, 바울과 끝까지 함께 했던 사람이 바로 누가였습니다.
누가는 유대인이 아니라 수리아 안디옥 출신의 그리스 사람으로 알려져 있습니다. 이제 복음의 외인이며 이방인이었던 의사 누가가 어떻게 하나님의 선교사역에 함께 했는지 살펴보기로 하겠습니다.

Learn of Bible

1. 바울의 동역자 누가

(1) 누가의 이름은 바울서신 중 세 개의 서신에서 언급됩니다. 이 세 개의 서신의 이름을 적어보세요.(View of Bible 참조)

(2) 이 서신들은 어디에서 기록된 것입니까? (View of Bible 참조)

골로새서와 빌레몬서는 바울이 1차로 2년간 로마에서 감금되었을 때 기록되었고, 디모데후서는 순교 직전인 2차 로마감옥 투옥 당시 기록된 것입니다.

(3) 위의 말씀들에서 바울은 누가에 대해 어떻게 표현하고 있습니까?(골 4:14, 몬 1:24, 딤후 4:11) 그리고 바울에게 누가는 어떤 존재였을 것 같은지 자신의 말로 설명해보세요.

누가는 바울의 사역과 그의 일생 후반에 있어 너무나 중요한 존재였습니다. 그는 사랑받는 의사였으며 복음의 동역자였고 바울의 순교

직전인 생의 마지막까지 함께 했던 사람입니다. 어떤 사람이 성공했을 때 함께하는 것은 쉬운 일입니다. 그것은 영광을 나누는 일이기 때문입니다. 그러나 육체적 정신적으로 어렵고 힘든 상황에 처해 있을 때 끝까지 함께 하는 것은 참으로 어려운 일입니다. 왜냐하면 그것은 고난을 나누는 일이기 때문입니다. 누가는 바울과 하늘로부터는 영광을 나누었고 땅에서는 고난을 나눈 신실한 동역자였습니다.

2. 의사 누가

(1) 누가의 직업은 무엇입니까?(골 4:14)

(2) 바울은 의사로서의 누가를 어떻게 표현하고 있으며 이 표현 속에 누가에 대한 마음은 어떤 것입니까?(골 4:14)

(3) 의사로서 누가는 바울의 사역에 어떤 도움이 되었을까요?

바울은 10년간 세 번의 선교여행을 떠났고 그 중 두 번째와 세 번째 선교여행을 누가와 함께 했습니다. 바울의 선교여행은 쉬운 것이 아니었습니다. 그는 모진 매를 맞기도 했고 큰 풍랑을 만나 어려움을 겪기도 했습니다. 그런 어려움의 순간마다 누가는 치료자가 되어주었을 것입니다. 바울이 힘있게 이방인을 위한 복음전도사역을 할 수 있었던 것은 하나님의 인도하심과 더불어 누가와 같은 전문적인 기술을 가진 동역자의 조력이 있었기 때문입니다.

Application of Bible

의사는 사람의 몸을 치료하는 숙련된 전문기술을 가진 사람입니다. 의사로서 누가는 자신과 자신이 가진 전문기술을 자신의 유익을 위해 사용하지 않고 선교사역을 위해 사용했습니다.
우리는 과연 우리 자신과 우리 자신이 가진 것(시간, 물질, 재능, 미래의 꿈)을 어떻게 하나님을 위해 사용할 수 있을까요?

Tip of Bible

전문인 사역자 누가의 또 다른 사역

헬라어 성경에서 누가복음의 제목은 '카타 루칸'(누가에 의한)입니다. 그러나 누가복음의 내용에서는 저자가 누구라고 말하지 않습니다. 우리는 누가복음의 서문(1:1-14)과 사도행전의 서문(1:1-2)을 통해 두 개의 책이 같은 저자에 의해 기록되었다는 것을 확인할 수 있습니다. 사도행전에서 저자는 바울과 자신을 함께 묶어 '우리'라는 표현을 사용하는데 바울이 로마 옥중에 갇혀 있는 동안에도 이 표현을 확인할 수 있습니다(행 28:1,16). 그러므로 누가복음과 사도행전의 저자는 바울과 함께 로마의 감옥에서도 함께 있었다는 것이고 로마감옥에서도 그와 동행한 사람은 누가입니다(딤후 4:11). 누가는 전문적인 기술을 가진 의사로서 바울을 보살폈고 복음의 동역자로서 함께 했습니다. 그리고 누가복음과 사도행전을 통해 예수 그리스도의 복음의 시작과 이방으로의 전파과정을 세밀히 기록해 후대에 전해준 위대한 성경 기록자로 살았습니다.

우리는 전문적인 기술을 가지고 복음전도의 사역을 하는 사람들을 전문인사역자라고 말합니다. 누가는 1세기 누구보다 멋진 전문인 사역자로서의 삶을 살았던 사람입니다.

제 3과 바나바
인격과 믿음으로 사람을 세우는 지도자

학습 목표 | 바나바와 같이 다른 사람을 세워주고 자신을 낮추는 믿음의 자세를 가진다.

중심 진리 | 초대교회는 다른 사람을 세워주고 자신을 낮추는 자기희생의 자세를 가진 믿음의 사람들에 의해 성장했다.

본문 말씀 | 사도행전 9:26-30, 11:19-26

Memory Verse | 행 11:24

"바나바는 착한 사람이요 성령과 믿음이 충만한 사람이라 이에 큰 무리가 주께 더하여지더라"

Question About It

'바나바' 는 누구인가요?

① 이름의 뜻은 '권면의 아들', '　　　　　　　　　의 아들', '권위자' 라는 뜻입니다(행 4:36).

② 구브로섬 출신의 유대인, 레위사람으로서 본명은 　　　　　　　　입니다(행 4:36).

③ 초대교회에서 이방인 전도의 개척자로서 　　　　　　　　로 일컬어졌습니다(행 14:14).

View of Bible

오순절의 성령강림이후 예루살렘 교회 안에 믿는 사람들의 수는 엄청난 속도로 늘어났습니다. 그들은 자신의 재산을 팔아 사도들에게 드렸고 사도들은 이것을 각 사람의 필요에 따라 나누어주었습니다. 바나바는 바로 이때 등장합니다. 바나바는 구브로섬 출신의 레위사람, 요셉으로 소개됩니다. 사도들은 요셉을 권위자라는 뜻의 바나바라고 불렀는데 그 이유는 바나바가 말을 잘하고 리더십이 있었기 때문이었습니다. 바나바는 자신의 밭을 팔아 사도들에게 드리는 믿음을 보여줍니다. 그는 자신의 재산을 모두 하나님께 드리고 자신은 하나님의 일, 즉 목회와 선교에 평생을 바칩니다.

Learn of Bible

1. 바울을 교회의 일원으로 받아줌

(1) 바울은 예루살렘에 가서 제자들을 사귀고 싶어 했습니다. 사람들은 그런 그를 어떻게 대했습니까?(행 9:26)

(2) 의심받는 바울을 사도들에게 데리고 가서 바울이 예수님을 본 것과 다메섹에서 예수의 이름으로 담대히 복음을 전한 사실들을 이야기해준 사람은 누구입니까?(행 9:27)

(3) 이후 바울은 예루살렘에서 어떻게 지냅니까?(행 9:28-29상)

(4) 바나바는 왜 바울을 믿고 바울의 편에 서 주었을까요? 자신의 생각대로 말해보세요.

바울이 예루살렘에서 제자들과 함께 지내며 주 예수를 전하자 유대인들은 바울을 죽이려고 했습니다. 그래서 믿는 사람들은 바울을 다소로 도망시킵니다.

2. 바울을 교회의 지도자로 세워줌

스데반이 순교한 이후 예루살렘교회의 많은 성도들은 박해를 피해 주변지역으로 흩어졌습니다. 흩어진 성도들은 처음에는 유대사람들에게만 복음을 전했습니다. 그들 가운데 안디옥에 도착한 성도들이 그리스 사람에게도 예수님을 전했습니다. 점점 믿게 된 사람들이 많아지자 이 소문이 예루살렘 교회에까지 들려왔습니다. 예루살렘교회에서는 이에 권면의 사람 바나바를 안디옥으로 파송하게 됩니다.

(1) 바나바는 안디옥에 와서 어떤 일을 했나요?(행 11:23)

(2) 그 결과 어떤 일이 일어났나요?(행 11:24)

(3) 25절 이후 바나바는 사울을 찾으려고 다소로 가서 사울을 안디옥으로 데려옵니다. 그 이유는 무엇이었을까요?

(4) 바나바는 사울을 안디옥에서 복음을 전하는 사역자로 세워주었습니다. 그는 안디옥교회의 지도자로서 혼자서 그 일을 하며 영광을 누릴 수도 있었습니다. 그러나 바나바는 자신의 명예나 지위보

다는 하나님의 교회가 확장되는 것에 더 많은 관심이 있었습니다. 그래서 바나바는 사울을 지도자로 세웠습니다. 이에 처음으로 제자들은 어떤 호칭을 얻게 됩니까?(행 11:26)

Application of Bible

우리 사회는 비난에 강하고 칭찬에 약합니다. 인터넷에 상식을 넘어서는 악성 댓글이 많은 것이 바로 이러한 문화를 대변해줍니다. 청소년들 사이에서도 타인을 쉽게 비난하고 욕하는 분위기가 있습니다. 나보다 약한 사람을 도와주고 나보다 나은 사람을 칭찬해 주는 것이야 말로 이 세대를 본받지 않고 하나님의 뜻을 따르는 바른 그리스도인 청소년의 길입니다. 타인을 세워주는 행동은 믿음과 인격을 요구하는 쉽지 않은 일입니다. 이 시간을 통해 바나바와 같이 다른 사람을 세워주는 연습을 해봅시다.

1. 칭찬릴레이
자신의 생년월일에 있는 숫자를 모두 더하세요. 더한 숫자가 가장 큰 수인 사람부터 그 다음수인 사람을 칭찬해주는 것입니다. 마지막 사람은 선생님을 칭찬해주고 선생님은 숫자가 가장 큰 수인 친구를 칭찬해 줍니다.

2. 칭찬편지
칭찬편지를 써보도록 합시다. 우리교회나 학교에 있는 친구 가운데 한 사람을 정해 그 친구가 가진 장점을 칭찬해주는 것입니다. 칭찬은 다른 사람을 세워주는 훌륭한 방법입니다.

3. 이번 한 주간 가정과 학교에서 비난하는 말이 아니라 칭찬하는 말을 매일 실천해 봅시다. 매일 밤 자신이 그렇게 했는지를 생각해 보고 체크해 주세요.

요일	주일	월	화	수	목	금	토
확인							

Tip of Bible

그리스도인(Christian)

헬라어로 그리스도인 크리스티아노스(Christianos)는 '그리스도에게 속한' 이라는 뜻으로 예수 그리스도를 믿고 구세주와 주님으로 고백한 사람을 가리키는 말입니다. 이 단어는 신약성경에서 세 번 사용되었는데(행 11:26, 26:28, 벧전 4:16) 수리아 안디옥 교회 성도들에게 최초로 사용되었습니다. 안디옥교회는 이방인 신자들에 의해 구성된 첫 번째 교회였습니다. 안디옥에서 바울과 바나바가 일 년 동안 하나님의 말씀을 가르치며 양육했을 때 사람들이 예수님을 따르는 안디옥 교회의 교인들을 보고 '그리스도인' 이라고 부른 것에 유래합니다.

초대교회 당시 그리스도인에게 주어지는 현실적인 상황은 고난과 핍박이었습니다. 고난과 핍박의 상황에서도 예수 그리스도를 믿고 따르는 삶을 포기하지 않았던 그들이었기에 부여될 수 있었던 이름이 바로 '그리스도인' 이었으며 그들은 참으로 그리스도에게 속한 사람들이었습니다. 이 글을 읽고 있는 우리도 그리스도인입니다. 우리는 지금 그리스도에게 속한 사람인지, 그리고 그리스도인이라는 이름 앞에 우리의 삶은 합당한지 생각해보면 좋겠습니다.

단원 주제

복음을 외치다

단원 해설

초대교회에서 복음을 외쳤던 사람들 – 죽음 앞에서도 복음을 전한 스데반, 믿음의 가정에서 성장했으나 선교여행 중 중도 포기했고 다시 하나님 앞에 충성된 일꾼으로 선 마가, 준비된 선교사역자 실라가 가졌던 믿음의 태도를 배웁니다.

중심 구절

"무릎을 꿇고 크게 불러 이르되 주여 이 죄를 그들에게 돌리지 마옵소서 이 말을 하고 자니라"(행 7:60).

단원학습목표

위협과 절망 속에서도 포기하지 않고 복음을 전하는 자세를 배웁시다.

단원핵심정리

복음을 외친 사람들의 순교, 회복, 준비됨

신약편 | 2단원 복음을 외치다

단원 소개

1세기의 복음전도는 결코 쉬운 일이 아니었습니다. 유대교를 믿는 유대인들은 강하게 예수님의 복음을 거부했습니다. 유대인들의 복음에 대한 거부는 은혜와 권능이 있으며 기적을 행하고 능력의 말씀을 전하는 스데반을 증오해 돌로 쳐 죽이는 살인-초대교회 첫 번째 순교로 분명하게 드러납니다. 이 사건을 계기로 예루살렘에 집중되어 있던 그리스도인들은 로마 전역으로 흩어지게 되고 예수님의 복음은 더 넓은 곳으로 확산되어 수리아 안디옥에서는 이방인의 교회가 세워집니다.

2단원에서는 이렇게 복음이 확산되는 과정 속에서 하나님의 말씀을 외치고 전했던 세 명의 초대교회 지도자들이 소개됩니다. 4과에서는 죽음 앞에서도 복음을 전하는 스데반의 담대한 믿음이 소개되고, 5과에서는 믿음의 가정에서 성장했으나 선교여행 중 중도 포기했다가 다시 하나님 앞에 충성된 일꾼으로 선 마가의 도전하는 신앙의 자세를 배우고, 6과에서는 바울의 2차 선교여행에 동행한 준비된 선교사역자 실라에 대해 공부할 것입니다.

제 4과 스데반

복음을 외치다 순교한 최초의 그리스도인

학습 목표 | 스데반과 같이 담대히 복음을 전하는 자가 되기로 결심한다.

중심 진리 | 초대교회는 모함과 죽음의 위협 앞에서도 담대히 복음을 전한 스데반과 같은 순교자의 피 위에 성장했다.

본문 말씀 | 사도행전 6:8-15, 7:54 - 8:4

Memory Verse | 행 7:60

"무릎을 꿇고 크게 불러 이르되 주여 이 죄를 그들에게 돌리지 마옵소서 이 말을 하고 자니라"

Question About It

'스데반' 은 누구인가요?

① 헬라파 유대인으로 이름의 뜻은 입니다.

② 예루살렘 교회에서 가난한 사람을 구제하는 일을 맡기려고 세웠던 과 가 충만하고 칭찬받는 사람 중 한 사람이었습니다(행 6:3-6).

③ 모함을 받아 공회에 잡혀가서도 당당하게 복음을 외쳤고 이 설교를 들은 완악한 유대인들에 의해 돌에 맞아 했습니다(행 7:54-60).

View of Bible

자신들의 모든 것을 내어놓고 헌신하는 사람들에 의해 예루살렘 교회는 날로 성장했습니다. 하나님의 말씀은 계속 퍼져 나갔고 예루살렘에 있는 제자의 수가 점점 많아지고 제사장 중에서도 예수님의 복음을 믿는 사람들이 생겨났습니다(행 6:7).

초대교회에는 사도들 외에 뛰어난 지도자들이 세워졌는데 그 중 예루살렘교회에서 구제하는 일을 위해 세워진 스데반은 은혜와 권능이 충만한 사람이었습니다. 그는 백성 가운데서 놀라운 일과 큰 기적을 행하였습니다. 회당에 소속된 유대교 사람들은 스데반과 논쟁을 벌였으나 스데반이 지혜와 성령으로 말함으로 그를 당해 낼 수가 없었습니다.

예수님을 반대했던 사람들은 은혜와 권능이 충만하여 기적을 일으키며 능력의 말씀을 전하는 스데반을 마음 속 깊이 증오하기 시작했습니다. 급기야 그에게 억울한 누명을 덮어씌워 공회 앞에 끌고 가게 됩니다.

Learn of Bible

1. 스데반의 순교

(1) 스데반은 왜 공회 앞에 잡혀 갔나요?

행 6:11-14

(2) 공회 앞에서 스데반은 담대히 하나님의 말씀을 외칩니다. 아래의 말씀은 스데반이 구약의 역사를 인용하여 공회 앞에서 외친 말씀의 결론부분입니다. 빈 곳을 찾아 채워주세요.

행 7:51-53 "목이 곧고 마음과 귀에 할례를 받지 못한 사람들아 너희도 너희 조상과 같이 항상 　　　　　 을 거스르는도다 너희 조상들이 　　　　　 중의 누구를 박해하지 아니하였느냐 의인이 오시리라 예고한 자들을 그들이 죽였고 이제 너희는 그 　　　　　 을 잡아 준 자요 　　　　　 가 되나니 너희는 　　　　　 가 전한 율법을 받고도 지키지 아니하였도다"

(3) 그의 외침을 들은 사람들은 스데반을 어떻게 했나요?

행 7:54, 57-59

스데반의 설교를 들은 공회에 있던 사람들은 자신들의 잘못된 신앙을 책망하는 소리에 마음이 격분하였습니다. 그들은 마음에 찔렸지만 그것을 듣고 회개한 것이 아니라 오히려 분노하여 일제히 스데반에게 달려들었다고 성경은 기록하고 있습니다. 이렇게 분노한 유대인들은 아무 죄 없는 스데반을 성 밖으로 끌고 나가 돌로 쳐 죽입니다.

(4) 마지막 죽음의 순간 스데반은 무엇이라고 말하나요?

행 7:59-60

성경은 그의 죽음에 대해 죽었다고 하지 않고 이 말을 하고 잔다고 표현했습니다. 예수의 복음을 믿고 따르는 이유로 죽어간 첫 번째 순교자는 마치 잠자는 듯 순교했습니다. 그의 순교에 공포와 두려움은 없었습니다. 스데반은 인자를 보고도 깨닫지 못하고 도리어 인자를 살해한 유대인의 잘못된 믿음을 통렬히 비판했고 당당히 그것이 죄임을 외쳤으며 진리를 말한 이유로 돌에 맞아 죽었습니다. 스데반은 마지막 순간 자신을 죽이고 있는 살인자들을 위해 이 죄를 그들에게 돌리지 말기를 간절히 기도하며 순교합니다.

2. 순교의 결과

(1) 스데반의 순교 이후 예루살렘교회에는 어떤 일이 일어났나요?

행 8:1

(2) 흩어진 사람들은 무엇을 했나요?

행 8:4

흩어진 제자들은 숨어서 자신의 복음을 쉬쉬한 것이 아니라 오히려 두루 다니며 복음을 전했습니다. 복음은 날로 확산되었고 유대인에게만 아니라 헬라인, 즉 이방인에게도 전파되었습니다. 그리하여 수리아의 안디옥에서는 이방인 평신도들에 의해 최초의 이방인 교회가 세워지는 놀라운 일이 생겨납니다(참고, 행 11:19-21).

Application of Bible

복음을 전하는 것은 쉬운 일이 아닙니다. 담대히 복음을 전하는 일은 초대교회 성도들이 그랬던 것처럼 성령님이 도와주시고 함께하실 때 할 수 있는 일입니다. 더 늦기 전에 복음을 전해야 할 사람이 누구인지 생각해 봅시다. 그리고 매일 정한 시간에 복음전도 대상자를 위해 기도합시다. 하나님께서 함께하실 때 초대교회 성도들이 그랬던 것처럼 우리도 담대히 복음을 전할 수 있을 것입니다.

아래의 표를 완성하고 실천해봅시다.

복음전도 결의서

그리스도인 나 　　　　　　 는(은) 복음전도대상자
　　　　　　 에게 복음을 전하기 위해
매일 　　　　　 시에 복음전도 대상자 　　　　　 를(을) 위해
기도하며 복음을 전하겠습니다.

20　　년　　월　　일
복음전도 결심자 　　　　　　　　 (서명)

Tip of Bible

로마시대의 박해와 순교자

예수 그리스도의 복음을 전하고 그 믿음을 지키기 위해 생명을 바친 사람들을 우리는 순교자라고 합니다. 처음 기독교를 박해했던 사람들은 회심하기 전의 바울과 같이 유대교를 믿는 사람들이었습니다. 첫 번째 순교자인 스데반은 유대인들에 의해 죽임을 당한 것입니다. 그러나 A.D. 65년 네로황제에 의해 로마시에 큰 불을 낸 것이 기독교인들이라는 누명을 쓰게 되면서 로마제국에 의한 박해가 본격적으로 시작되었습니다. 콘스탄티누스 대제가 A.D. 313년 밀라노 칙령을 발표하고 기독교를 공인하기까지 3세기 동안 엄청난 박해가 일어났습니다. 짐승의 가죽을 씌워서 맹수의 먹이가 되거나 몸에 타르를 칠해서 온몸이 불타는 잔인한 방법으로 예수님을 믿고 복음을 전하는 사람들이 죽어갔습니다. 로마에 의해 기독교인들은 중죄인으로 규정되었고 기독교인을 보호해주는 자도 함께 처벌되었습니다. 마르쿠스 아우렐리우스 황제 때는 모든 자연 재해를 기독교인의 탓으로 돌리기까지 했습니다. 로마제국의 곳곳에서 혹은 로마제국 전역에 칙령을 내려 조직적이고 잔인한 박해를 계속했습니다. 집회가 금지되었고 예배당이 파괴되고 교회와 묘지가 몰수되고 성경이 소각되는 가운데 성직자들의 처형은 당연하게 일어났습니다.

로마의 잔인한 박해도 성령의 능력에 힘입은 교회의 생명력을 죽일 수는 없었습니다. 로마제국의 기독교 박해가 거의 300년 가까이 계속되는 동안 로마제국 내에 교회가 세워지지 않은 곳이 거의 없었습니다. 로마는 기독교를 박해하고 수많은 순교자들을 만들어냈지만 바로 그 순교자들의 피 위에 교회는 사라지지 않고 계속 성장했습니다.

제 5과 마가

불신임을 신임으로 바꾼 믿음의 일꾼

학습 목표 | 마가와 같이 실패 앞에 포기하지 말고 다시 도전하는 신앙의 자세를 가진다.

중심 진리 | 초대교회는 실패 앞에서 포기하지 않고 다시 도전하는 믿음의 일꾼들에 의해 성장했다.

본문 말씀 | 사도행전 15:36-41, 디모데후서 4:11 후반절

Memory Verse | 딤후 4:11후

"네가 올 때에 마가를 데리고 오라 그가 나의 일에 유익하니라"

Question About It

'마가' 는 누구인가요?

① 마가(Markos)는 로마식 이름이며 본명은 　　　　　　　　입니다(행 12:12).

② 마가의 어머니 　　　　　　　　는 예루살렘에서 많은 사람이 모여 기도할 수 있을 만큼 큰 규모의 집을 가졌으며 자신의 집을 기도하는 모임의 장소로 내어놓은 믿음을 가진 분이었습니다(행 12:12).

③ 마가는 　　　　　　　　의 조카였으며(골 4:10) 바나바와 함께 바울의 1차 선교여행에 함께 참여하였으나 중도에 포기함으로 바울에게 불신임을 얻게 됩니다.

View of Bible

마가에 대해 성경은 모든 것을 보여주지 않습니다. 그러나 그와 관련된 많은 힌트들을 주어서 우리로 그에 대해 알게 합니다. 이 시간은 힌트를 따라가는 여행이 될 것입니다.

먼저 우리는 마가의 유년기를 살펴보겠습니다. 마가의 집은 예루살렘에서 크고 부유한 집이었습니다. 이 집에서 예수님은 마지막 유월절 만찬을 가지셨고 초대교회 당시 많은 제자들이 모여 기도했던 장소이기도 했습니다. 마가의 어머니 마리아는 경제적인 부유함만큼이나 믿음이 강한 여성이었습니다. 예수님이 죄인의 누명을 쓰고 십자가에 못 박히셨고 예수님을 따르는 것이 핍박의 대상이 되었던 때에 자신의 집을 모임과 기도의 장소로 내어주는 것은 분명한 믿음이 없다면 불가능한 일입니다. 또한 마가는 바나바라는 초대교회의 훌륭한 지도자의 조카이기도 했습니다. 그러므로 마가는 어린 시절부터 예수님을 믿는 신실한 신앙의 본을 보고 배우며 성장했습니다.

이제 성장한 마가에게 어떤 일이 일어나는지 마가에 대한 사도행전과 바울서신의 힌트들을 따라가며 살펴보도록 하겠습니다.

Learn of Bible

1. 바울로부터 불신임을 받음

1차 선교여행

안디옥에 수많은 사람들이 예수님을 믿게 되자 예루살렘 교회는 바나바를 안디옥 교회의 지도자로 파송합니다. 파송된 바나바에 의해 안디옥 교회는 더 많이 성장하게 되고 이에 바나바는 다소에 가서 사울을 찾아 데리고 와서 안디옥 교회의 지도자로 세우고 함께 안디옥 교회를 성장시킵니다. 예루살렘 교회가 어려워지자 안디옥에 있는 성도들은 헌금을 모아 바나바와 사울을 통해 예루살렘 교회로 보냅니다. 바나바와 사울은 예루살렘 교회에 헌금을 전달하고 돌아올 때 마가를 데리고 안디옥으로 오게 되면서 마가도 안디옥 교회에서 봉사를 하게 됩니다.

(1) 안디옥 교회의 5명의 지도자들은 금식하는 가운데 성령의 음성을 듣고 두 사람을 선교사로 파송하게 됩니다. 누구와 누구입니까?(행 13:1-3)

(2) 이 선교여행에 동행했던 사람 가운데 밤빌리아의 버가에 이르러서 중도에 포기하고 예루살렘으로 돌아간 사람이 있었습니다. 그 사람의 이름은 무엇입니까?(행 13:13)

성경이 말하는 요한이 바로 마가입니다. 마가는 예루살렘 교회에서 삼촌을 따라 안디옥 교회에 온 이후 신임을 받았을 것입니다. 그랬기 때문에 성령의 명령에 의해 파송된 선교팀에 함께할 수 있었을 것입니다. 그러나 그는 선교여행의 초기 밤빌리아 버가에서 자신이 자란 곳인 예루살렘으로 돌아감으로 맡겨진 사역을 끝까지 하지 못하고 포기하는 모습을 보입니다.

2차 선교여행

1차 선교여행을 무사히 마친 바울과 바나바는 안디옥에 돌아와 주의 말씀을 가르치는 사역을 하던 중 1차 선교여행 때 말씀을 전한 각 성으로 다시 가서 형제들을 방문하기로 하고 2차 선교여행을 가기로 결심합니다.

(3) 바나바는 마가를 데리고 가고자 하나 바울은 반대하는데 그 이유는 무엇입니까?(행 15:38)

(4) 이 일로 인해 바울과 바나바는 어떻게 됩니까?(행 15:39-40)

(5) 여러분은 1차 선교여행 중 마가가 했던 잘못은 무엇이라고 생각하십니까?

2. 다시 신임을 받고 일꾼으로 세워짐

바울과 바나바의 결별 이후 마가는 사도행전에서 그 이름이 다시 등장하지 않습니다. 사도행전에서 마가는 초대교회에 충성된 믿음을 가진 어머니 마리아의 아들로, 그리고 안디옥 교회의 지도자였던 바나바의 조카로서 단 4

Learn of Bible

번 등장합니다. 이후, 사도행전에서의 마가는 찾아볼 수 없습니다. 사도행전에서 마가는 자기 의지가 약하고 신임을 얻지 못한 실패자로 보여집니다.
세월이 흘러 10여년의 시간이 흘렀습니다. 우리는 다시 마가의 이름을 바울이 로마 옥중에서 쓴 편지인 골로새서와 빌레몬서, 디모데후서, 그리고 베드로가 쓴 베드로전서와 같은 서신서에서 발견할 수 있었습니다. 아래의 말씀에서 마가를 어떻게 표현하고 있는지 읽어보세요.

골 4:10 "나와 함께 갇힌 아리스다고와 바나바의 생질 마가와 (이 마가에 대하여 너희가 명을 받았으매 그가 이르거든 영접하라)"

몬 1:24 "또한 나의 동역자 마가, 아리스다고, 데마, 누가가 문안하느니라"

딤후 4:11 "누가만 나와 함께 있느니라 네가 올 때에 마가를 데리고 오라 그가 나의 일에 유익하니라"

벧전 5:13 "택하심을 함께 받은 바벨론에 있는 교회가 너희에게 문안하고 내 아들 마가도 그리하느니라"

(1) 위의 세 말씀은 바울이 보낸 편지 내용의 일부입니다. 바울은 마가를 어떻게 표현하고 있으며 마가에 대한 바울의 마음은 어떻게 변했습니까?

이제 바울은 마가를 동역자로 보고 있습니다. 그는 바울의 사역에 유익한 사람이며 교회에게 마가를 영접하라고 합니다. 마가는 바울의 신임을 얻은 사람입니다.

(2) 네 번째 베드로전서는 베드로가 쓴 편지입니다. 그는 마가를 어떻게 표현하고 있습니까?

사도 요한의 제자 파피아스는 마가가 바울의 죽음이후 로마에서 사도 베드로의 통역을 맡았다고 전하고 있습니다. 또한 사도 베드로를 통해 들은 예수님의 이야기를 바탕으로 마가가 마가복음을 기록했다고 전해지기도 합니다. 마가는 교회의 지도자인 베드로에게 아들이라는 칭호를 얻을 만큼 믿음과 신뢰를 주고 사랑을 받는 제자가 된 것입니다.

(3) 이제 마가는 초대교회의 위대한 두 지도자인 바울과 베드로에게 신임을 받게 되었습니다. 마가는 1차 선교여행 이후 믿을 수 없는 사람이 되었습니다. 그러나 불신임을 받고 10여 년이 지난 이후 동역자와 아들이라고 불리고 큰 신임과 사랑을 받는 사람이 되었습니다. 그렇다면 지난 10여 년간 마가는 어떤 노력을 했을까요?

Application of Bible

우리는 실수할 때 쉽게 자포자기합니다. 그리고 그 자리에 주저앉아 포기하기 쉽습니다. 그러나 하나님께서는 잘못하고 실패한 우리의 모습에서 우리가 다시 일어나기를 바라십니다.

1. 자신이 잘못한 일이나 실패한 사람이라고 생각했던 일이 있었다면 그때의 상황과 느낌을 써보십시오.

2. 하나님께서는 그런 나의 모습을 어떻게 바라보실지, 그리고 내가 어떻게 하기를 원하실지 생각해 보세요.

Tip of Bible

장애를 딛고 하나님과 세상을 섬기는 사람들, CCM찬양단 '좋은이웃'

2011년 11월 12일에 1000회의 공연을 한 '좋은이웃'이라는 CCM찬양단이 있습니다. 1000회 공연이 대수냐? 라고 말할 수 있지만 적어도 '좋은이웃'에게 이 숫자는 기적과 같은 일입니다. 지금으로부터 20년 전 장애인캠프에서 김요 전도사는 당시 9살의 혜림이를 처음 만났습니다. 손혜선, 손혜림 두 자매는 태어날 때부터 선천성 녹내장을 앓고 있었고 7살에 시력을 잃은 시각장애우입니다. 하나님께서는 이 두 자매에게 아름다운 목소리와 하나님을 사랑하는 심장을 주셨습니다. 김요 전도사는 두 자매의 재능과 하나님에 대한 진심어린 믿음을 발견하고 첫 만남 이후 10년이 지난 2003년 드디어 이들과 함께 '좋은이웃' 1집 '이 길을 함께'를 발매했습니다. 처음 아이들을 만난 이후 10년간 하나님을 의지하며 이 일을 위해 기도하고 준비했던 김요 전도사와 혜림, 혜선, 함께 한 시각장애우들의 꿈이 이루어진 순간이었습니다. 그리고 다시 10년이 지난 지금 '좋은이웃' 장애인 찬양팀은 1000회를 넘는 공연과 5집 'The Dream'을 세상에 내놓았습니다. 이들의 사역은 이것만이 아닙니다. 장애학생과 일반학생이 함께하는 '좋은이웃 장애인캠프'가 벌써 24회째입니다. 뿐만 아니라 시각장애를 가지고 있는 세 명의 멤버–이현학, 손혜림, 손혜선은 지금 신학, 사회복지, 특수교육을 각각 공부하면서 더 많이 세상을 섬기기 위해 준비하고 있습니다.

세상의 눈으로 볼 때 이들은 자포자기할 수 있는 조건을 가지고 있었습니다. 그러나 이들은 자신의 약한 것에 집착하며 자포자기하지 않고 하나님이 주신 강한 것(달란트)에 집중하여 자신들의 방법으로 하나님과 세상을 그리고 자신과 같은 처지의 장애우들을 섬기고 있습니다. 이들의 사역과 삶은 우리들에게 참으로 빛나는 거울입니다.

(http://www.cyworld.com/goodiu1)

제 6과 실라

바울의 2차 선교여행의 동역자

학습 목표 | 실라와 같이 하나님이 쓰실 수 있는 준비된 사람이 되기 위해 노력한다.

중심 진리 | 초대교회는 하나님께 쓰임받기 위해 준비된 사람들에 의해 성장했다.

본문 말씀 | 사도행전 15:40-41

Memory Verse | 행 15:40-41

"바울은 실라를 택한 후에 형제들에게 주의 은혜에 부탁함을 받고 떠나 수리아와 길리기아로 다니며 교회들을 견고하게 하니라"

Question About It

'실라' 는 누구인가요?

① '실라' 는 아람어(유대)이름으로 는 뜻이며, 라틴어(로마) 이름은 '실루아노' 입니다.

② 예루살렘 회의의 결정을 에 전하기 위해 유다와 함께 파견한 예루살렘 교회의 대표입니다(행 15:22).

③ 실라는 (행 15:32)이며 유대출신 (행 16:37)입니다.

④ 과 2차 선교여행을 함께 했습니다(행 15:40).

View of Bible

바울과 바나바는 안디옥교회에서 함께 목회했고 1차 선교여행을 함께 한 복음전도의 동역자입니다. 그러나 2차 선교여행을 준비하는 중 마가를 데려가는 문제로 두 사람은 각자 따로 선교여행팀을 꾸리게 됩니다. 이 때 바울이 선교여행의 동역자로 선택한 인물이 바로 실라입니다. 당시 유대인이 중심이 된 예루살렘 교회와 이방인이 중심이 된 안디옥 교회에는 많은 지도자들이 있었습니다. 실라는 예루살렘 교회의 지도자 중 한사람이었습니다. 바울은 많은 지도자들을 마다하고 자신의 2차 선교여행의 동역자로 실라를 선택하게 됩니다. 과연 실라는 어떤 사람이었기에 바울이 선택한 것일까요?

Learn of Bible

'실라' 인물탐구

(1) 실라는 예루살렘 교회의 성도들 가운데 지도자로서 예루살렘 사도회의 결정을 안디옥 교회에 전하기 위해 공식적으로 파견된 예루살렘 교회의 대표였습니다. 우리는 보통 중요한 결정을 전달하기 위해 어떤 사람을 대표로 세웁니까?(행 15:22)

실라는 예루살렘 교회의 성도들 가운데 인도자였습니다. 인도자가 되기 위해서는 첫째, 예수님을 믿는 믿음이 있어야 할 것이고 두 번째, 삶의 모범이 되었을 것입니다. 그리고 세 번째, 그는 책임감에 있어서도 사람들에게 신뢰받는 사람이었을 것이라 짐작할 수 있습니다.

(2) 성경은 그를 어떤 사람이라고 소개합니까?(행 15:32)

초대교회 당시 선지자는 교회의 중요한 직분이었습니다. 선지자들은 교사들과 같이 성경을 가르쳤으나 성령님의 인도 아래 영적 통찰력을 가지고 하나님의 뜻을 전달했던 특수한 직책을 가진 자들이었습니다.

선지자가 되기 위해 실라는 어떤 준비를 했을까요?

(3) 바울과의 선교여행 이후 실라는 베드로의 편지를 대필해주는 일을 했습니다. 그것은 로마의 언어인 어떤 언어에 능통했기 때문일까요?(벧전 5:12) 다양한 언어에 능통한 것은 선교에 도움이 되었을까요?

(4) 마지막으로 실라는 어느 나라 사람이었습니까?(행 16:37)

Application of Bible

하나님은 준비된 사람을 쓰시고, 또한 쓰시기 위해 준비시키십니다. 우리는 모두 하나님 앞에 왕 같은 제사장으로서 하나님을 위해 일해야 하는 사람들입니다. 만약 하나님께서 우리를 쓰셔야 할 때, 우리가 준비되지 않았다면 하나님은 우리를 쓰실 수 없으실 것입니다.

실라와 같이 하나님께서 쓰시기에 적합한 사람이 되기 위해 우리는 무엇을 준비해야 할까요? 내가 할 수 있는 일을 구체적으로 생각해보고 적어봅시다.

Tip of Bible

한 고려인 친구의 고백

O국에 살고 있는 한 고려인을 알고 있습니다. 이 친구의 할아버지는 일제강점기 징병으로 끌려가 타국에 정착하게 되었고 그곳에서 그 친구의 아버지를 낳고 사셨고 그 친구의 부모님 역시 그 땅에서 그 친구를 낳으셨습니다. O국은 기독교 복음전도가 금지되어 있는 나라이지만 그 친구의 부모님과 그 친구는 지하교회의 목회자입니다. 그 친구는 국가의 탄압 속에서도 전도하는 것을 포기하지 않고 자신과 피가 섞이지 않은 O국 사람들을 전도하고 있습니다. 오래전 그 친구는 제게 이렇게 말했습니다. "나는 어린 시절에 내가 누구인지 몰랐습니다. 나는 O국 사람도 한국인도 아니었습니다. 그러나 이제는 내가 한국인이면서 O국 사람인 것에 감사합니다. 왜냐하면 그렇기 때문에 나는 누구보다 이 나라에서 복음을 잘 전할 수 있습니다. 과거 고려인들이 강제로 O국에 끌려와서 정착하게 됨으로 고려인들은 이 나라 사람으로서 이 나라의 언어와 문화를 이해하면서 예수님의 복음을 O국에 전할 수 있게 되었습니다. 그것은 하나님의 계획이며 하나님의 뜻입니다."

그 고려인 친구는 O국의 언어와 러시아어, 한국어, 그리고 영어를 모두 사용할 수 있습니다. 하나님께서는 사람들의 죄로 인한 잘못된 역사 속에서도 하나님의 일꾼을 온 세계에 세워 하나님의 일을 하고 계십니다.

이제 우리는 우리가 대한민국 사람으로 왜 태어났는지 그 뜻을 깨달아야 합니다. 하나님께서는 우리를 대한민국의 그리스도인으로 세우셨습니다. 그러므로 우리는 대한민국에서 하나님의 일꾼으로서 해야 할 일이 있는 하나님의 사람들입니다.

단원 주제

그들 속에도

단원 해설

약속 안에 들어올 수 없다고 취급되었던 사람들-이방인 고넬료, 초대교회의 여성 지도자들-에게 행하신 하나님의 구원의 은혜와 그들의 헌신을 공부함으로 초대교회의 성장에 있어 문화와 인종을 뛰어넘으시고 사람을 외모로 보지 않으시는 하나님의 뜻을 배웁니다.

중심 구절

"베드로가 입을 열어 말하되 내가 참으로 하나님은 사람의 외모를 보지 아니하시고 각 나라 중 하나님을 경외하며 의를 행하는 사람은 다 받으시는 줄 깨달았도다"(행 10:34-35).

단원학습목표

사람을 외모로 보지 않으시는 하나님의 뜻을 배웁니다.

단원핵심정리

고넬료, 다비다, 뵈뵈, 그들 속에서 역사하신 하나님

그들 속에도

단원 소개

3단원에서는 복음이 예루살렘을 넘어 온 세상으로 가는 길에 막혀 있는 담을 무너뜨리시는 하나님의 손길을 발견할 것입니다. 예루살렘과 세상의 거리는 단지 지리적인 것만은 아닙니다. 그 사이에는 인종과 성별의 높은 담이 가로막혀 있었습니다. 유대인들은 예로부터 이방인들을 하나님의 약속 밖의 사람들로 생각하고 그들과 교제하기를 꺼려했습니다. 또한 여성들은 고대사회에서 무시와 차별의 대상이었습니다. 하나님께서는 예수 그리스도의 복음을 온 세상에 전파하시기 전에 유대인들 마음속에 있는 큰 담을 무너뜨리셨습니다.

7과에서는 베드로에게 환상을 보여주신 이후 고넬료와 그의 가족들이 유대인들과 같이 성령을 받고 침례(세례)를 받는 사건을 통해 이방인을 차별하는 것이 하나님의 뜻이 아님을 보여줍니다. 8과에서는 욥바에서 과부와 가난한 사람들을 진심으로 섬겼던 여제자 다비다의 죽음과 하나님의 살리심을 통해 하나님이 기뻐하시는 삶의 모범이 무엇인지를 배웁니다. 9과에서는 겐그레아 교회의 여성지도자 뵈뵈를 통해 전도자들을 섬기며 돕는 충성된 삶의 모범을 공부합니다.

제 7과 고넬료

하나님을 경외하고 의를 행한 이방인

학습 목표 | 고넬료와 그 가족을 구원하신 하나님의 뜻을 깨달아 사람을 외모로 보지 않는다.

중심 진리 | 초대교회는 인종에 벽을 허물고 하나님을 경외하며 의를 행하는 개종자들을 받아들이라는 하나님의 명령에 순종함으로 성장했다.

본문 말씀 | 사도행전 10:1-48

Memory Verse | 행 10:34-35

"베드로가 입을 열어 말하되 내가 참으로 하나님은 사람의 외모를 보지 아니하시고 각 나라 중 하나님을 경외하며 의를 행하는 사람은 다 받으시는 줄 깨달았도다"

Question About It

'고넬료'는 누구인가요?

① 가이사랴에 주둔하고 있던 이달리야 부대라는 로마군대의
입니다(행 10:1).

② 그는 으로 하나님을 경외하고 항상 기도한 사람입니다 (행 10:2).

③ 식민지 백성인 유대인들에게 자비를 베풀어서 유대인들에게
이요 이라는 칭찬을 들었습니다(행 10:22).

View of Bible

오순절 성령강림 사건 이후 사도들을 중심으로 예루살렘교회는 날마다 믿는 자의 숫자가 늘어갔습니다. 많은 유대인들이 예수님 앞으로 돌아오는 역사가 일어났습니다.
당시 유대인들은 이방인에 대한 심한 편견을 가지고 있었습니다. 유대인들의 눈에 볼 때 이방인들은 우상숭배하는 자들이며 비도덕적인 삶을 산다고 생각했습니다. 그래서 유대인들은 이방인과 함께 있는 것조차 꺼려했습니다. 이러한 생각은 예수님을 믿는 유대인들도 마찬가지였습니다. 이방인에 대한 유대인의 편견은 이방세계로 복음을 전파하려는 하나님의 계획에 걸림돌이었습니다. 복음이 이방세계로 나아가기 위해서는 유대인들이 가진 이방인에 대한 편견을 넘어서야 했습니다.
하나님은 이 일을 위한 치밀한 계획을 세우셨습니다. 그리고 두 명의 인물이 선택되었습니다. 그 중 한 사람은 이방인이나 유대인들에게도 의인이라고 칭찬받는 고넬료였고 다른 한 사람은 예루살렘 교회의 최고지도자라고 할 수 있는 사도 베드로였습니다. 이제부터 이 두 사람의 이야기를 시간 순서대로 따라가며 하나님이 유대인의 편견을 어떻게 깨뜨리시는지 지켜보겠습니다.

Learn of Bible

1. 고넬료가 하나님의 사자의 지시를 받음

(1) 성경은 고넬료를 어떤 사람이라고 소개하고 있나요?(행 10:1-2)

(2) 그는 제 구시(오후 3시)에 환상 중에 하나님의 사자의 명령을 듣습니다. 그 명령은 무엇이며 고넬료는 어떻게 하나요?(행 10:5, 8)

2. 베드로가 부정한 음식에 대한 환상을 봄

(1) 베드로는 제 육시(낮 12시)에 기도하는 중 배고픔을 느꼈습니다. 그때 하늘이 열리며 율법에 부정하다고 한 것들이 내려오는 환상을 봅니다. 그가 본 것을 그림으로 표현해 보세요(행 10:11-12).

(2) 다음의 사도행전 10장 13-16절까지의 말씀입니다. 빈 칸에 글자를 채워주세요.

또 소리가 있으되 하거늘

베드로가 이르되 한대

또 두 번째 소리가 있으되 하더라

이런 일이 있은 후 그 그릇이 곧 하늘로 올려져 가니라

(3) 베드로가 환상을 본 이후 고넬료가 보낸 사람들이 도착합니다. 그러는 가운데 베드로는 내가 보낸 사람들이니 의심하지 말고 함께 가라는 성령의 음성을 듣습니다. 고넬료가 보낸 사람들 역시 고넬료가 거룩한 천사의 지시를 받아 베드로를 데리러 왔다고 합니다. 베드로는 그 사람들을 하룻밤 집에서 쉬게 합니다. 베드로는 유대인의 편견과 하나님의 명령 사이에서 고민을 했을 것입니다. 그날 밤 베드로는 어떤 고민을 했고 무엇을 깨달았을까요?(행 10:28-29 말씀 참고)

고민:

깨달음 :

3. 고넬료의 친척과 친구들이 모여 베드로의 설교를 들음

베드로는 드디어 고넬료의 집으로 가게 됩니다. 고넬료는 그의 친척과 가까운 친구들을 모아 기다리다 베드로를 영접합니다. 이 자리에서 베드로는 하나님의 말씀을 전하게 됩니다. 베드로는 이 자리에서 하나님은 사람을 외모로 보지 아니하신다는 것과 예수님의 이름을 힘입어 죄 사함을 받는다는 것을 증거합니다.

(1) 베드로가 이 말씀을 전했을 때 어떤 일이 일어납니까?(행 10:44, 46)

⑵ 베드로와 함께 온 할례받은 신자들이란 유대인 성도들을 말합니다. 이들은 무엇을 보고 놀랐습니까?(행 10:45-46)

⑶ 베드로는 성령을 받은 고넬료를 포함한 그 자리에 있는 이방인들에게 무엇을 행합니까? 이것은 어떤 의미를 담고 있는 것일까요?(행 10:47-48)

초대교회의 성장을 위한 걸림돌이었던 유대인들을 이방인에 대한 편견을 깨기 위한 하나님의 일하심은 완전했습니다. 하나님께서는 유대인 제자들이 오순절 받았던 성령과 방언을 동일하게 이방인 신자들에게 주셨고 이제 그것을 눈으로 보고 인정할 수밖에 없는 할례받은 유대인 증인들을 이 사건 가운데 세우셨으며 마지막으로 침례(세례)를 베푸심으로 그들이 구원받은 것과 교회에 일원이 된 것을 확증하셨습니다. 하나님께서는 참으로 사람을 외모로 보지 않으시며 각 나라 사람 중 하나님을 경외하고 의를 행하는 사람을 사랑하심을 이 사건을 통해 분명하게 보여주셨습니다.

Application of Bible

유대인의 입장에서 보면 우리는 이방인입니다. 만약 유대인이었던 초기 그리스도인들이 이방인을 받아들이지 않았다면, 이방인인 우리는 복음을 들을 수 없었고 교회의 일원이 될 수 없었을 것입니다. 또한 복음은 세계 곳곳으로 나아갈 수 없었을 것입니다. 하나님께서는 고넬료와 그의 가족의 구원이야기를 통해 사람을 외모로 보지 않으시고 모든 나라 사람들 중 하나님을 경외하며 의를 행하는 자들을 사랑하신다는 것을 분명히 하셨습니다. 유대인이었던 초기 그리스도인들이 이를 받아들임으로 복음이 땅끝까지 나아갈 수 있는 초석이 되었습니다. 혹시 지나온 내 모습 속에 사람을 외모로 보고 판단한 적은 없는지 생각해 봅시다.

우리사회에 이방인이 될 수도 있는 외국인이나 다문화 가족인 친구들에게 복음을 전하는 우리가 됩시다.

Tip of Bible

1세기 유대사회에서의 이방인

1세기경 유대교에서는 이방인들에 대한 적대감이 있었습니다. 열심 있는 유대인들의 눈에 볼 때 이방인들은 우상숭배하는 자들이며 비도덕적으로 보였습니다. 그래서 이방인을 부정한 사람들로 여겼습니다. 이러한 전반적인 사회 분위기 속에서 이방인들이 복음에 관심을 가지는 것에 대해 유대인 중심이었던 초대교회에서는 심각하게 받아들였습니다. 어떤 유대인들은 이방인들이 그리스도인이 되기 위해서는 반드시 유대인이 되기를 요구하기도 했습니다(갈 2:2-10). 그러나 유대인과 이방인은 모두 예수 그리스도의 십자가를 통해 하나님과 화목하게 되었으며 똑같이 하나님께 나아갈 수 있게 되었다는 것을 A.D. 50년경 예루살렘에서 열렸던 교회 공회의에서 확증하였습니다(행 15장).
고넬료와 그 가족이 구원받은 바로 이 이야기는 초기 유대인 중심의 교회에서 이방인들을 받아들이는데 있어 그 기초가 되었으며 이를 통해 하나님께서는 인종을 가리지 않으시고 모든 민족 가운데 하나님을 경외하며 의를 행하는 자를 찾으신다는 것을 분명히 하였습니다.

제 8과 다비다

선행과 구제로 삶의 모범이 된 제자

학습 목표 | 다비다가 실천했던 선행과 구제의 삶을 본받기로 결심한다.

중심 진리 | 초대교회는 선행과 구제의 일에 앞장서며 교회를 섬기는 제자들의 삶의 모범 위에 성장했다.

본문 말씀 | 사도행전 9:36-42

Memory Verse | 행 9:36

"욥바에 다비다라 하는 여제자가 있으니 그 이름을 번역하면 도르가라 선행과 구제하는 일이 심히 많더니"

Question About It

'다비다' 는 누구인가요?(행 9:36)

① '노루 같은 여성' 혹은 '영양'(羚羊)의 뜻을 가진 의 아람어식 이름입니다. 영양: 야생염소와 노루 등을 이르는 말

② 욥바에 사는 입니다.

③ 과 의 일을 많이 하였습니다.

View of Bible

욥바는 예루살렘 북서쪽 약 56km 위치에 있는 지중해 연안의 항구였습니다. 욥바의 과부들과 가난한 사람들이 의지하고 따르는 사람이 있었는데 그녀의 이름은 다비다였습니다. 다비다는 제자로서 믿음에 충실할 뿐만 아니라 과부와 가난한 사람들을 돕는 선행과 구제의 일에 열심을 내었습니다. 먹을 것이 없는 사람에게는 음식을, 입을 것이 없는 사람에게는 겉옷만 아니라 속옷까지 손수 만들어 주면서 봉사와 헌신의 삶을 살았기에 욥바에서 그녀를 모르는 사람이 없었습니다.
다른 사람을 위한 선행과 구제에 열심이었던 다비다는 정작 자신의 몸은 돌보지 않았습니다. 다비다의 몸은 점점 쇠약해졌고 죽음을 맞이했습니다. 다비다를 사랑하고 아끼던 동료 제자들은 그녀의 죽음을 가만히 볼 수가 없었습니다. 그래서 그들은 약 17Km떨어진 룻다로 사역을 나와 있는 예루살렘 교회의 유명한 사도인 베드로를 데려오기 위해 길을 떠났습니다.

Learn of Bible

1. 다비다가 병들어 죽었을 때 제자들은 베드로에게 가서 욥바로 와달라고 간청했습니다. 왜 베드로를 불렀을까요? 9장 32-35절을 참고해 주세요.

베드로는 다비다의 죽음 직전에 룻다에서 8년이나 중풍병으로 일어나지 못하는 애니아를 고쳤습니다. 이 소문은 룻다만 아니라 근처 사론에 사는 사람들에게도 퍼져 나갔습니다. 물론 멀지 않은 곳에 위치한 욥바 사람들도 이 소문을 들었습니다.

2. 베드로가 욥바에 도착해 다비다를 눕혀놓은 다락방에 올라갔을 때 모든 과부가 어떤 일을 하였나요?(행 9:39)

이런 행동을 한 이유는 무엇이었을까요?

가만히 눈을 감고 이 모습을 상상해 봅시다. 죽은 시체 앞에 많은 과부들이 둘러앉아 눈물을 흘리며, 베드로가 왔을 때 자신들의 겉옷과 속옷을 보이며 이것들이 바로 죽은 다비다가 우리에게 지어준 옷들이라고 말하는 모습을 말입니다. 이 모습을 본 베드로의 마음이 어떠했을까요?

3. 베드로는 사람을 다 내보내고 무릎을 꿇고 기도한 이후 시체를 향해 외쳤습니다. 베드로의 외침은 무엇이었고 어떤 일이 일어났나요?(행 9:40)

기적이 일어났습니다. 예수님께서 죽은 지 나흘 되었던 나사로를 살리신 것처럼(요 11:1-44) 베드로가 다비다를 살렸습니다. 예수님께서 나사로가 죽은 것이 하나님의 영광을 위함이라고 하셨던 것과 같이 죽었던 다비다가 살아난 것 역시 하나님의 영광을 위함이었습니다.

4. 다비다는 살아났고 성도들과 과부들이 이 사실을 알게 되었습니다. 이 사건 이후 욥바에는 어떤 일이 일어났나요? 성경을 읽고 다음 문장을 채워주세요.

"온 욥바 사람이 알고 ______________________"(행 9:42).

왜 사람들은 이 소문을 듣고 주를 믿었을까요?

다비다의 죽음과 부활은 나사로가 그랬던 것과 같이 하나님의 영광을 위함이었습니다. 결과적으로 다비다가 살아남으로 욥바에 있는 많은 사람이 주를 믿게 되었습니다. 이것은 단지 그녀가 다시 살아났고 기적이 일어났기 때문만은 아니었습니다. 그 이전에 하나님과 사람 앞에서 선행과 구제를 행했던 그녀의 삶이 있었기 때문이었습니다. 평생을 과부와 가난한 이웃을 위해 봉사와 수고를 아끼지 않으며 의지할 곳 없는 과부들에게 속옷까지 지어주며 모범이 되었던 아름다운 여인 다비다가 다시 살아난 것이 큰 감동이 되었던 것입니다. 이로서 다비다는 삶을 통해 선행과 구제의 모범이 되었고 죽음을 통해서조차 하나님 나라의 제자로서 하나님의 영광을 드러낸 것입니다.

Application of Bible

선행 결심문 작성하기

예수님을 믿는 것만큼이나 예수님을 잘 믿는 것은 중요합니다. 세상 사람들은 바로 예수님을 믿는 사람들의 모습을 통해 교회를 판단하고 예수님을 판단합니다. 예수님께서는 우리에게 세상의 소금과 빛이 되라고 하셨습니다. 예수님을 말로만 아니라 우리의 삶으로 전하기 위해 어떤 일을 해야 할지 생각해보고 이것을 결심하는 결심문을 작성해보도록 하겠습니다. 구체적으로 올해와 10년 후, 30년 후에 어떤 선행과 구제를 할 수 있을지 생각해보고 작성해 주세요.

선행 결심문

나 ( )은(는)

기간	실천할 선행과 구제
올 해	
10년 후	
30년 후	

위의 사항을 결심하며 하나님과 사람 앞에서 이 내용을 실천해 하나님께 영광이 되는 삶을 살 것을 서약합니다.

20 년 월 일

결심자: (서명)

Tip of Bible

하나님을 감동하게 하는 사람들

우리는 주변에서 이름 없이 빛도 없이 교회와 이웃을 위해 묵묵히 헌신하는 사람들을 보게 됩니다. 이들의 모습은 분명 큰 감동을 줍니다. 반면에 교회와 이웃을 위해 봉사하면서 자신이 하는 일을 다 떠벌리고 말하며 남이 알아주기를 바라는 사람들도 보게 됩니다. 이들의 봉사는 아름답지만 감동을 주지는 못합니다.

우리는 앞으로 하나님의 사람으로서 하나님의 일을 하며 살아가게 될 것입니다. 우리는 교회를 위해 헌신하고 봉사할 수도 있고 세상의 가난한 사람들을 위해 구제의 사역을 할 수도 있습니다. 그것이 어떤 일이건, 우리는 분명 하나님의 일을 하며 살아가야 할 하나님의 사람들입니다.

이렇게 살아갈 때, 우리는 선택해야 합니다. 다비다와 같이 하나님과 사람을 감동하게 하는 사람으로 살 것인지, 아니면 자신이 한 일에 대해 자랑함으로 상과 칭찬을 이 땅에서 다 받으며 자기만족으로 살 것인지 말입니다.

하나님을 감동하게 하는 사람, 그 사람이 바로 이 글을 읽고 있는 당신이 되기를 바랍니다.

제 9과 뵈뵈

겐그레아 교회의 여성 지도자

학습 목표 | 뵈뵈와 같이 전도자들을 섬기며 돕는 삶을 본받아 실천한다.

중심 진리 | 초대교회는 전도자들을 섬기며 도왔던 뵈뵈와 같은 교회 일꾼들의 헌신이 있음으로 성장했다.

본문 말씀 | 로마서 16:1-2

Memory Verse | 롬 16:1-2

"내가 겐그레아 교회의 일꾼으로 있는 우리 자매 뵈뵈를 너희에게 추천하노니 너희는 주 안에서 성도들의 합당한 예절로 그를 영접하고 무엇이든지 그에게 소용되는 바를 도와줄지니 이는 그가 여러 사람과 나의 보호자가 되었음이라"

Question About It

'뵈뵈' 는 누구인가요?

① '이름의 뜻은 , '맑고 깨끗한' 입니다.

② 고린도의 동남쪽에 위치한 항구 교회의 여성 지도자입니다.

③ 바울이 로마교회에 쓴 편지인 를 전달한 사람으로 추정됩니다.

View of Bible

로마서는 바울의 3차 선교 여행의 말기에 로마방문을 준비하고 로마 교인들에게 바른 교리를 가르치기 위해 고린도에서 쓰여졌습니다. 바울은 로마서 마지막 장에 자신의 사역을 돕는 충성스러운 동역자들의 이름을 열거해 두었는데 그 가운데 가장 먼저 나오는 사람의 이름이 바로 뵈뵈입니다.

그러나 안타깝게도 뵈뵈에 대한 언급은 신약성경에서 단 두 구절만 있습니다. 그래서 우리는 이 두 구절의 내용을 통해 뵈뵈에 대해 알아보도록 하겠습니다.

Learn of Bible

1. 바울은 로마 교회에 뵈뵈를 소개함에 있어 무엇이라고 말합니까? 빈칸을 채워 주세요.

"내가 겐그레아 교회의 ________ 으로 있는 우리 ________ 뵈뵈를 너희에게 추천하노니 너희는 주 안에서 성도들의 합당한 예절로 그를 영접하고 무엇이든지 그에게 소용되는 바를 도와줄지니 이는 그가 여러 사람과 나의 ________ 가 되었음이라"(롬 16:1-2).

겐그레아는 고린도에서 11km 떨어진 사론 만에 있는 항구로 헬라와 아시아 무역의 중심지였습니다. 바울은 겐그레아에서 사역할 당시 뵈뵈의 도움을 받았습니다. 그녀는 교회의 일꾼이었을 뿐만 아니라 개인적으로 바울을 포함한 여러 사람의 보호자로서 교회 지도자들과 전도자들을 섬기는 일을 했습니다.

2. 바울이 고린도에 있을 때 로마서를 썼습니다. 고린도 교회에도 교회의 지도자들과 일꾼들은 많았을 것입니다. 그런데 왜 바울은 겐그레아 지역의 뵈뵈에게 이 편지를 전달하는 일을 부탁했을까요?

바울은 로마로 가기 위해 많은 노력을 했습니다. 그리고 그것을 준비하며 로마에 있는 교인들에게 바른 교리를 가르치기 위해 로마서를 썼습니다. 그러나 고린도에서 로마로 가는 길은 당시 교통상황으로 보았을 때 가까운 길이 아니었습니다. 바울은 중요한 선교편지인 로마서를 로마에 가져다 줄 사람으로 뵈뵈를 지목합니다. 이것은 그가 누구보다 그녀를 신뢰했다는 것을 의미합니다.

3. 바울은 로마서의 마지막 부분인 16장의 거의 대부분을 자신의 동역자들을 소개하는 내용으로 썼습니다. 이 수많은 이름 가운데 뵈뵈는 몇 번째입니까? 그것이 의미하는 것은 무엇인지 문제 1번의 말씀을 자세히 보고 적어봅시다.

교회는 목사님과 전도사님과 같은 목회자들이 지도자가 됩니다. 그러나 목회자가 아무리 열심히 한다고 해도 이 사역을 도와주는 교회의 일꾼들이 없다면 그 사역은 쉽지 않을 것입니다.
바울도 그랬습니다. 바울은 예수님을 만난 이후 자신에게 주어진 시간의 많은 부분을 선교여행을 위해 사용했습니다. 여러 지역을 다니며 사역을 하기 위해서는 선교를 위한 비용과 거처할 집, 그리고 전도를 위한 도움이 반드시 필요했습니다. 물론 바울은 텐트를 만드는 일을 하며 선교비용을 충당했지만 그것으로 충분하지 않았습니다. 바울이 가는 곳마다 예수님을 믿는 믿음 안에서 바울의 선교 사역을 도와준 뵈뵈와 같은 수많은 교회의 일꾼들이 있었습니다. 이런 교회의 일꾼들이 있었기에 바울은 자신의 사명을 감당할 수 있었습니다.

Application of Bible

예수님을 그리스도와 주님으로 고백하는 우리 모두는 교회의 일꾼입니다. 나는 학생이기 때문에, 별다른 재능이 없기 때문에 내가 교회에서 할 수 있는 일이 없다는 것은 잘못된 생각입니다.
이 시간을 통해 교회의 목회자(목사님과 전도사님)와 선교사님들을 도울 수 있는 방법을 생각해 봅시다. 우선 자신이 알고 있는 목회자와 선교사님 중 한분의 이름을 적어보십시오. 그분은 우리의 도움을 필요로 하는 분들입니다. 도울 수 있는 방법을 구체적으로 생각해보고 이번 주 동안 실천해 보도록 합시다.

하나님께서 세우신 목사님과 전도사님, 그리고 선교사님들을 돕는 일은 하나님께서 기뻐하시는 하나님의 일입니다. 그리고 그분들의 복음전도 사역을 도움으로써 우리 역시 하나님의 일에 동참하는 것입니다. 바울이 사랑하고 감사했던 뵈뵈가 받았던 칭찬은 뵈뵈만의 것은 아닙니다. 예수님 이후 2000년이 넘는 시간동안 뵈뵈와 같은 수많은 일꾼들이 교회의 역사 안에 있어 왔습니다. 그리고 우리교회에도 그런 분이 있을 것입니다. 지금부터 우리 모두 뵈뵈가 되어 봅시다. 교회의 일꾼으로서 내가 선 자리에서 할 수 있는 최선의 도움을 드림으로 하나님께 칭찬받는 우리가 되기를 기대합니다.

Tip of Bible

"여자는 교회에서 잠잠하라"(고전 14:34)

이것은 사도 바울이 고린도전서에 쓴 것입니다. 이 말은 마치 여성이 교회에서 함부로 일하거나 말해서는 안 된다는 뜻으로 받아들여질 수도 있습니다. 그러나 그것은 성경과 성경을 둘러싼 문화를 고려하지 않은 얕은 생각에서의 결론입니다. 고린도전서 14장을 보면 방언과 예언을 말하는 것이 고린도 교회에서 어떤 문제를 일으켰으며 그래서 질서에 대한 문제가 생겼음을 짐작할 수 있습니다. 이에 사도 바울은 이러한 문제를 해결함에 있어 여성들에게 질서를 지키라는 의미로 전달했습니다.

우리는 여기서 성경이 쓰였을 당시의 사회문화와 관습을 이해해야 합니다. 당시 사회에서 여성은 남성에 비해 낮은 지위를 가지고 있었습니다. 그러므로 이 말씀은 남편의 아내로서의 여성만을 인정하고 받아들였던 전통을 가진 사회에서, 여성들이 예수 그리스도를 중심으로 한 교회 공동체 안에서 한 성령의 은혜를 받고 일꾼으로 세워지며 은사에 따라 봉사의 일을 하게 된 상황에서 야기될 수 있는 문제에 대한 답을 준 것이지 지금도 그러해야 한다는 것이 아닙니다. 그러므로 위의 말씀은 시대 상황 속에서 읽혀져야 합니다.

우리는 바울 서신 안에서 뵈뵈와 같은 많은 여성 지도자들의 이름을 만날 수 있습니다. 이방인의 사도인 바울이 전도사역을 힘 있게 할 수 있도록 도와준 동역자인 수많은 여성 지도자들이 있었기 때문에 바울의 사역은 더욱 능력을 발휘할 수 있었습니다.

단원 주제

성장의 기쁨

단원 해설

교회가 성장하면서 핍박은 더 심해졌습니다. 그럼에도 한결같이 복음전도를 위해 자신을 드렸던 사람들–바울을 따라 복음의 일꾼 된 디모데, 가족이 복음에 헌신한 브리스길라와 아굴라, 자신의 재능을 하나님 앞에 드린 아볼로–에 의해 초대교회는 멈추지 않고 성장했습니다.

중심 구절

"그러므로 너는 내가 우리 주를 증언함과 또는 주를 위하여 갇힌 자 된 나를 부끄러워하지 말고 오직 하나님의 능력을 따라 복음과 함께 고난을 받으라"(딤후 1:8).

단원학습목표

초대교회의 성장을 위해 자신–시간, 재능, 전부–을 바쳤던 믿음의 사람들을 본받는다.

단원핵심정리

핍박 속에서도 믿음을 지켰던 사람들의 거짓 없는 믿음, 가족의 헌신, 재능의 드림

신약편 | 4단원

성장의 기쁨

단원 소개

4단원에서는 교회의 성장과 함께 고난과 핍박이 커지는 상황 속에서 여전히 그 믿음을 지키며 복음전도를 포기하지 않는 사람들을 소개합니다. 복음은 로마 전역으로 퍼져나가고 많은 사람들이 예수 그리스도의 복음 안에 들어오는 상황 속에서 핍박 역시 그만큼 커져갔습니다. 사도 바울이 드디어 2차로 로마의 무서운 감옥에 갇히게 되니 이러한 상황에서도 사도 바울은 사랑하는 아들 디모데에게 두려워하지 말고 오직 하나님의 능력을 따라 복음과 함께 고난을 받을 것을 요구합니다. 이렇게 초대교회는 어떠한 고난도 이겨내는 예수님을 따르는 사람들에 의해 계속적으로 성장했습니다.

10과에서는 로마감옥에 갇힌 바울이 디모데에게 편지를 써 담대할 것을 당부하는 가운데 핍박의 상황 속에서도 변하지 않는 디모데의 거짓 없는 믿음을 배웁니다. 11과에서는 브리스길라와 아굴라 가족이 사도 바울을 도와 복음전도를 계속해나가는 모습을 통해 초대교회 온 가족이 헌신했던 모범된 믿음의 가족을 공부합니다. 12과에서는 성경에 능통한 유대인 학자 아볼로가 브리스길라와 아굴라에게 하나님의 도를 배우고 더욱 열심히 자신의 전문적인 지식을 가지고 헌신하는 것을 배웁니다.

제 10과 디모데

바울을 따라 복음의 일꾼 된 사람

학습 목표 | 자신의 믿음이 디모데와 같이 거짓 없는 믿음인지 생각한다.

중심 진리 | 초대교회는 핍박의 시기에도 거짓 없는 믿음을 가진 그리스도인들이 있었기에 성장할 수 있었습니다.

본문 말씀 | 디모데후서 1:1–8

Memory Verse | 딤후 1:8

"그러므로 너는 내가 우리 주를 증언함과 또는 주를 위하여 갇힌 자 된 나를 부끄러워하지 말고 오직 하나님의 능력을 따라 복음과 함께 고난을 받으라"

Question About It

'디모데' 는 누구인가요?

① 이름의 뜻은   입니다.

② 바울의 2차 선교여행 중   에서부터 바울의 초청에 응해 선교여행에 동참함으로 하나님의 사역을 시작했습니다 (행 16:1).

③ 디모데는   부터 아덴, 데살로니가, 고린도, 예루살렘, 에베소 등 많은 지역에서 충성스럽게 사역했습니다.

View of Bible

예수님께서 열두 제자를 부르신 것처럼 바울은 2차 선교여행 중 한 제자를 불러 그 이름의 뜻대로 평생 하나님을 경외하며 하나님을 영화롭게 하는 사람으로 세웠습니다. 바로 그 사람이 디모데입니다. 디모데는 루스드라에서부터 2차 선교여행에 동참함으로 전도자 목회자의 길에 들어서게 됩니다. 그는 바울의 가르침과 지도에 순종했고 여러 지역을 다니며 복음을 전했습니다.

디모데의 순선한 믿음의 자세는 고된 선교사역을 감당하는 스승인 바울에게도 힘이 되었습니다. 바울은 네로의 박해가 로마제국 전역을 휩쓸던 시기에 감옥에 갇힌 몸으로 자신의 인생에 가장 마지막 편지인 디모데후서를 에베소에서 목회하고 있는 디모데에게 보냅니다. 유언과도 같은 이 편지를 통해 바울은 디모데를 만날 수 있기를 바라며 디모데에게 스승으로서 마지막 가르침을 전합니다.

Learn of Bible

1. 네로의 무서운 박해 앞에서 감옥에 갇힌 절박한 상황의 바울은 디모데를 부름에 있어 어떤 호칭을 사용하였으며 그 속에 담긴 바울의 마음은 어떤 것입니까?(딤후 1:2)

바울에게 디모데는 아들과 같은 존재였습니다. 루스드라에서 디모데를 2차 선교여행에 초청한 이후로 디모데는 줄곧 바울의 지도에 순종했고 따랐습니다. 그랬기에 바울에게 있어서 디모데는 아들과 같은 존재였습니다. 이 호칭 속에서 디모데를 아들과 같이 사랑하고 아끼는 바울의 마음을 잘 알 수 있습니다.

2. 바울은 비록 감옥에 갇힌 몸이지만 디모데를 보기 원하는 것은 디모데를 보는 것이 자신에게 기쁨이 되기 때문이라고 밝힙니다. 디모데의 어떤 면이 바울에게 기쁨을 준 것일까요?

바울은 디모데의 믿음을 평가함에 있어서 '거짓 없는 믿음' 이라고 말합니다. 이것은 디모데가 가진 믿음이며 동시에 삶의 모습이었을 것입니다. 그의 외할머니와 어머니의 속에 있던 이 믿음이 디모데의 속에 있는 것을 바울은 확신하고 있습니다. 디모데의 믿음은 사도 바울에게 있어 바라보는 것만으로도 기쁨이 되는 것이었습니다.

3. 바울은 왜 디모데를 에베소의 목회자로 세웠을까요? 맞는 것에 체크하세요.

① 디모데가 자란 루스드라는 에베소와 같은 헬라 문화권이었다.

② 외할머니와 어머니가 유대인이었기에 유대 공동체를 잘 이해했다.

③ 여러 교회에서 바울과 함께 사역했기에 사역을 위한 풍부한 경험을 가지고 있었다.

④ 디모데는 거짓 없는 믿음을 소유한 사람이었다.

디모데는 에베소의 목회자로서 가장 합당한 조건을 가지고 있던 사람이었습니다. 디모데가 자란 루스드라는 에베소에서 480Km 떨어진 곳입니다. 이곳은 에베소와 같은 헬라 문화권이었으므로 디모데는 같은 문화권인 에베소에서 더 잘 사역할 수 있었습니다. 또한 그는 외할머니와 어머니가 유대인이었기에 에베소에 있는 유대 공동체를 누구보다 잘 이해할 수 있었습니다. 그래서 그들에게 복음을 전하고 양육하기에 유리했습니다. 그리고 디모데는 바울과 함께 아덴, 데살로니가, 고린도, 예루살렘 등에서 여러 지역, 여러 상황에서 사역을 경험했기에 이러한 풍부한 경험은 에베소를 목회하기에 좋은 이유가 되었습니다. 그리고 무엇보다 거짓 없는 믿음을 소유한 목회자였습니다. 이에 바울은 디모데를 에베소의 목회자로 세웠습니다.

4. 바울은 갇힌 자로서 핍박의 시기에 목회해야 하는 사랑하는 아들 디모데에게 무엇이라고 권면합니까? 디모데후서 1장 7-8절을 읽고 자신의 말로 바꾸어 표현해 보세요.(Tip of Bible을 읽고 답을 써주세요.)

Application of Bible

이 시간에는 나의 믿음을 점검해보도록 하겠습니다. 만약 하나님과 같이 나 자신의 행동과 마음속까지 알고 있는 어떤 존재가 나의 믿음에 대해 정의를 내린다면 무엇이라고 정의할지 생각해보고 써보세요.

"사랑하는 하나님,
나의 믿음이, 박해의 시기를 용감히 이겨낸, 디모데의 믿음과 같이, 거짓 없는 믿음으로 자라가기를, 간절히 소망합니다,
예수님의 이름으로 기도합니다. 아멘."

Tip of Bible

박해를 이겨낸 거짓 없는 믿음

바울은 무서운 박해의 상황에서 로마의 감옥에 쇠사슬에 묶인 채 처형을 기다리고 있었습니다. 바울과 함께 했던 사람들은 거의 다 그를 버리고 떠나가고 남은 사람은 오랜 친구 누가와 오네시보로, 디모데 정도입니다. 바울이 갇혀 있는 깊고 어두운 동굴감옥은 교회의 운명만큼이나 어두운 것이었습니다.
역사가 타키투스는 A.D. 64년 로마의 절반 이상을 태운 대 화제에 대해 기술하고 있습니다. 네로는 로마를 불태운 범인들이 그리스도인이라고 지목했고 이후 엄청난 박해가 감행되었습니다. 어떤 그리스도인들은 짐승의 껍질이 입혀진 후 굶주린 개들에게 온몸이 찢기며 죽어갔고 십자가에 못 박히기도 했으며 산 채로 화형을 당하기도 했습니다. A.D. 68년 네로의 자살 이후에도 박해는 계속되었고 이후 수십 년 동안 핍박은 반복되었습니다. 디모데가 사역하던 에베소 주변에서 일했던 로마 총독 폴리니는 트라얀 황제에게 보낸 보고서에 이렇게 기술하고 있습니다. "나는 그들이 그리스도인인지 물었다. 만약 그렇다고 고백하면, 처형하라고 명령했다."
이처럼 어둡고 캄캄한 시기, 이 시대에 믿음을 지킨 사람들은 디모데와 같이 거짓 없는 믿음을 지닌 그리스도인들이었습니다. 최악의 핍박 가운데 알곡과 쭉정이가 가려지고 자신의 생명은 산 채로 불태워졌으나 교회의 생명력을 불러일으킨, 로마총독의 심문 앞에서도 내가 그리스도인이라고 말할 수 있었던 거짓 없는 믿음을 가진 그들이 있었기에 초대교회는 성장할 수 있었습니다.

"미쁘다 이 말이여 우리가 주와 함께 죽었으면 또한 함께 살 것이요 참으면 또한 함께 왕 노릇 할 것이요 우리가 주를 부인하면 주도 우리를 부인하실 것이라"(딤후 2:11-12).

제 11과

브리스길라와 아굴라

온 가족이 선교에 헌신한 바울의 동역자

학습 목표 | 우리 가족이 선교를 돕기 위해 실천할 수 있는 방법에 대해 생각한다.

중심 진리 | 초대교회는 브리스길라와 아굴라처럼 선교사역을 위해 온 가족이 예수님을 믿고 헌신한 사람들에 의해 성장했다.

본문 말씀 | 사도행전 18:1-3, 18-19, 24-26

Memory Verse | 행 18:18상

"바울은 더 여러 날 머물다가 형제들과 작별하고 배 타고 수리아로 떠나갈새 브리스길라와 아굴라도 함께 하더라"

Question About It

'브리스길라와 아굴라' 는 누구인가요?

① 남편 아굴라는 이고 아내 브리스길라는 일 가능성이 높습니다.

② 로마 황제 글라우디오 때 유대인 추방령에 의해 로마에서 추방되어 로 이주했습니다(고전 18:1-2).

③ 이들은 바울과 같은 직업을 가지고 있었는데 을 만드는 것이었습니다(행 18:3).

* '브리스길라' 는 '브리스가' 의 애칭이며 정식이름은 '브리스가' 입니다. 그녀의 이름은 라틴어식 표기이며 로마의 비문과 고전에 '브리스가' 라는 이름이 많은 것을 고려할 때 브리스길라가 로마 사람일 가능성이 큽니다.

View of Bible

B.C. 63년경 폼페이우스의 군대에 의해 팔레스타인에서 로마에 포로로 잡혀온 많은 유대인들은 이후 자유인이 되어 로마에서 정착해 살았습니다. 이들은 이방 땅인 로마에 살고 있었지만 유대인으로서 절기가 되면 율법에 따라 예루살렘을 방문하곤 했습니다. 그러던 어느 오순절 날 예루살렘을 방문한 로마에 사는 유대인들은 우연히 사도 베드로의 설교를 듣고 예수님을 믿게 되었습니다. 이들은 로마로 돌아가서 예수님을 모르는 유대인들에게 예수님의 복음을 전하였고 로마에는 예수님을 믿는 유대인들의 수가 점점 늘어났습니다. 얼마후 로마에 있는 유대교도와 기독교도들 사이에서 큰 분쟁이 일어났습니다. 이것이 문제가 되어 로마의 글라우디오 황제는 A.D. 49년 로마 본토에 살고 있는 유대인들은 모두 로마에서 떠나라는 유대인 추방령을 내립니다. 브리스길라와 아굴라도 로마에서 예수님을 믿으며 살던 사람들로서 남편 아굴라가 유대인이었기 때문에 정든 집과 직장을 모두 버리고 고린도로 이사를 하게 됩니다.

신약편 제 11과 브리스길라와 아굴라

Learn of Bible

바울이 2차 전도여행 당시 고린도에 방문했을 때 브리스길라와 아굴라 부부를 만나게 됩니다. 브리스길라와 아굴라 부부는 예수님을 믿는 신앙심이 깊었고 복음을 전하고자 하는 열정이 있었습니다. 바울과 이 부부는 천막을 만드는 같은 직업을 가지고 있었습니다. 브리스길라와 아굴라 부부는 복음으로 마음을 합하여 함께 살고 함께 일하면서 바울의 선교사역을 돕게 됩니다. 그들은 1년 6개월 정도 고린도에 머물면서 선교사역을 했습니다.

1. 브리스길라와 아굴라 부부는 바울과 함께 선교사역을 하러 어디로 떠납니까? (행 18:18-19)

한 가족이 이사를 하는 것은 쉬운 일이 아닙니다. 그것도 로마에서 고린도로 이사를 온지 그리 오래지 않은 상황에서 다시 이사를 한다는 것은 더욱 더 어려운 일입니다. 그런데 브리스길라와 아굴라는 2차 전도여행 중 고린도에서 복음을 가르치는 바울을 만난 이후 바울과 함께 복음을 전하기로 헌신하고 바울이 가는 지역으로 함께 떠나갑니다. 이것은 브리스길라와 아굴라가 전적으로 하나님께 자신들의 삶을 헌신했다는 것을 의미합니다.

2. 브리스길라와 아굴라는 어떤 사람에게 예수 그리스도의 복음을 전합니까?(행 18:24-26)

아굴라는 평범한 유대인이었고 브리스길라는 로마사람으로서 예수님의 복음을 믿게 된 사람입니다. 그러나 이들은 이 복음을 분명하게 이해하고 있었습니다. 그러던 어느 날 알렉산드리아에서 태어난 아볼로라는 유대인 학자가 예수님에 대한 말을 하는 것을 듣게 됩니다. 그는 학자로서 말을 잘하고 성경에 대해서도 많은 것을 알고 있었습니다. 그러나 그가 말하는 것은 요한의 침례(세례) 즉 죄 사함을 얻게 하는 회개의 수준에 그치는 것이었습니다. 이에 브리스길라와 아굴라는 아볼로를 데려다가 하나님의 도를 정확하게 가르칩니다. 이후 아볼로는 아가야로 내려가서 예수님이 그리스도이심을 분명하게 전했을 뿐만 아니라 유대인들을 그의 유창한 언변으로 이겨서 하나님을 높였습니다.

3. 바울이 3차 전도여행 중에 기록한 서신인 고린도전서와 로마서에 브리스길라와 아굴라의 이름이 등장합니다. 고린도전서 16장 19절에는 '아굴라와 브리스가와 그 집에 있는 교회'라는 표현이 있고 로마서 16장 5절에 '저의 집에 있는 교회'라는 말이 있습니다. 이 말씀들이 의미하는 바가 무엇이었을까요?

바울은 복음 전도 중 많은 유대교 사람들에 의해 고발되거나 곤경에 처했습니다. 당시 기독교회는 유대사회에서 볼 때, 안전한 상태가 아니었습니다. 고발되거나 여러 어려움이 있을 수 있음에도 브라스길라와 아굴라는 자신의 집을 예배의 장소로 내어주는 믿음의 행동을 했습니다.

4. 바울의 3차 전도여행의 막바지에 쓴 서신이 로마서입니다. 바울은 로마서에서 브리스길라와 아굴라를 어떻게 평가하고 있습니까?(롬 16:3-4)

5. 오랜 시간 브리스길라와 아굴라 가족은 바울과 동행하면서 선교사역을 도왔고 많은 사람들에게 복음을 전했으며 자신의 집과 목숨까지 내놓았습니다. 만약 가족 중에 한 사람이 반대했다면 이러한 사역이 가능했을까요?

Application of Bible

여러분의 가족은 모두가 예수님을 믿을 수도 있고 그렇지 않을 수도 있습니다. 가족 모두가 예수님을 믿는다면 그것은 하나님께 감사할 일이고 그렇지 않다면 모든 가족이 믿음을 가질 수 있도록 하나님께 기도해야 합니다.
이 시간에는 우리 가족이 실천할 수 있는 선교사역에는 어떤 것이 있을지 생각해 보도록 하겠습니다. 구체적인 방법을 생각하되 가족 모두가 믿지 않는 경우에는 내가 가족의 대표로 실천할 수 있는 선교사역을 생각해 보도록 하세요.

Tip of Bible

믿음의 가정

브리스길라와 아굴라의 가정은 모든 믿음의 가족에게 본이 됩니다. 이들은 함께 예수님을 믿었고 함께 선교사역을 도왔으며 함께 자신의 집과 목숨을 내어놓고 헌신했습니다. 이들이 행했던 전적인 헌신의 사역은 부부 모두의 믿음이 없이는 할 수 없는 귀한 일입니다.

현대에도 이러한 가족들은 많이 있습니다. 수많은 선교지에 나가있는 선교사님들의 가족이 그러할 것입니다. 가족 중 누구라도 나는 선교를 하면서 살 수 없다고 한다면 그 사역은 계속될 수 없고 아름다울 수도 없습니다. 그러나 선교지에 나가지 않아도 우리는 어느 곳에서나 예수님을 섬기며 전하는 가족으로서 존재할 수 있습니다. 함께 예수님을 믿고 함께 기도하고 함께 예배드리고 함께 하나님을 위한 봉사의 일을 하고 함께 선교를 위해 헌금을 드리는 등 우리 가정이 할 수 있는 하나님을 기쁘시게 하는 선교의 사역은 너무나 많습니다. 하지만 반면에 가족 중 일부만 믿어서 마음껏 하나님을 섬기기 힘든 가족도 있는 것이 현실입니다.

지금 우리는 부모님과 함께 살지만 언젠가 여러분들은 부모님으로부터 독립해서 자신의 가족을 만들게 될 것입니다. 학교를 졸업하고 직장을 가지고 결혼을 하게 될 그 때, 믿음의 가정을 꾸리기 위해서는 믿음 있는 사람과 결혼하는 것이 중요합니다. 예수님을 믿고 신뢰하며 헌신되어 있는 두 사람이 만나 가정을 이룰 때, 이 가정은 참으로 믿음의 가정, 선교하는 가정이 될 수 있습니다. 앞으로 10년 혹은 20년 후 여러분의 가족의 모습을 머릿속에 상상해 보세요. 여러분의 가정은 브라스길라와 아굴라 부부의 가정처럼 하나님께 그리고 이방인들에게조차 칭찬받는 가정이고 싶으신가요? 그렇다면 예수님 안에서 믿음의 가정을 이루시기 위해 기도해야 합니다.

제 12과

아볼로

자신의 재능을 선교의 도구로 사용한 전문인 사역자

학습 목표 | 미래에 자신의 직업을 통해 하나님과 교회를 섬길 것을 결심한다.

중심 진리 | 초대교회는 아볼로와 같이 자신의 재능을 가지고 하나님 앞에 헌신한 전문인들에 의해 성장했다.

본문 말씀 | 사도행전 18:24-28

Memory Verse | 행 18:27

"아볼로가 아가야로 건너가고자 함으로 형제들이 그를 격려하며 제자들에게 편지를 써 영접하라 하였더니 그가 가매 은혜로 말미암아 믿은 자들에게 많은 유익을 주니"

Question About It

'아볼로' 는 누구인가요?

① 알렉산드리아에서 태어났으며 ________ 을 많이 알고 있는 유대인 학자입니다(행 18:24).

② 요한의 침례(세례)만 알뿐 예수님에 대한 지식이 불완전했으나 ________ 와 ________ 에게 예수님에 대해 정확하게 배우게 됩니다(행 18:25-26).

③ 바울이 개척한 고린도 교회에 ________ 를 따르는 무리가 생길만큼 초대교회에 영향력을 끼쳤습니다(고전 1:12).

View of Bible

우리는 오늘 알렉산드리아에서 태어난 유대인 학자 한 사람을 만나게 됩니다. 그에 대해 성경에서는 많은 것을 말하지 않습니다. 단지 그가 태어난 곳이 유대가 아니라 이방지역 특히 헬레니즘의 중심지인 알렉산드리아였고 말을 아주 잘하는 성경에 능통한 사람이라는 것입니다. 지금으로 말하면 미국에서 태어나 유명한 대학에서 신학을 전공하였으며 국제적 언어에 능통하고 논리적으로 잘 가르치는 신학 교수님이었습니다. 물론 초대교회 당시에도 성경에 능통한 이방출신 혹은 유대출신의 유대인 학자들은 많았을 것입니다. 그런데 오늘 성경이 그를 집중해서 보여주는 이유는 그가 학자로서 자신의 최선을 다해 예수님에 대해 열심히 가르치고 있었기 때문입니다.

Learn of Bible

1. 사도행전 18장 24절은 아볼로에 대해 소개하고 있습니다. 이 부분을 읽고 여러분의 말로 아볼로를 소개해 보세요.

2. 아볼로는 에베소에 와서 예수님에 대해 자신이 아는 것을 자세히 말하며 가르쳤습니다. 그런데 무엇이 문제였습니까?(행 18:25)

아볼로는 예수님과 복음에 대해서는 정확히 알지 못했습니다. 그는 열심히 예수님에 관한 것을 말하였으나 그것은 요한의 침례(세례) 정도의 내용이었습니다. 복음의 핵심을 정확히 알지 못한 것입니다.

3. 그에게 누가 다가와서 하나님의 도를 정확하게 풀어 가르쳐주었습니까?(행 18:26)

브리스길라와 아굴라는 복음에 분명하게 서 있던 사람들이었습니다. 아볼로는 성경에 능통한 학자였지만 복음에 있어서는 부족한 지식을 가지고 있었습니다. 브리스길라와 아굴라는 아볼로에게 하나님의 도를 정확하게 풀어서 가르쳐줍니다. 일반인들이 학자를 가르치는 것, 이것은 가르치는 이들이나 배우는 이 모두가 인격적으로 성숙했기에 가능한 일이었습니다. 그럼에도 아볼로는 하나님의 도를 배움에 있어 주저하지 않았고 브리스길라와 아굴라에게 하나님의 도를 정확하고 올바르게 배웁니다.

4. 그는 바다를 건너 아가야로 갑니다. 가서 어떤 일을 합니까?(행 18:27-28)

아볼로는 자신이 가진 성경학자로서의 지식을 가지고 바다를 건너 아가야로 갑니다. 그는 그곳에서 예수님을 부인하는 유대인에게 성경을 통해 예수님이 그리스도인 것을 증언하고 많은 사람들 앞에서 말로서 유대인들을 이기는 쾌거를 이룹니다. 이러한 아볼로의 사역은 예수님을 믿고 따르는 사람들에게 많은 유익을 주었습니다. 아볼로는 자신이 가지고 있는 전문적인 지식-성경에 대한 지식을 통해 하나님 앞에 훌륭히 쓰임 받은 것입니다.

Application of Bible

아볼로는 성경학자로서 자신이 가지고 있는 전문적인 성경지식을 통해 예수님을 부인하는 유대인들과의 논쟁에서 이기고 믿는 사람들에게 유익을 주며 하나님께 영광을 돌렸습니다. 그는 초대교회에 많은 영향을 미쳤으며 논리적으로 성경을 가지고 예수님을 증거하는 학자로서의 사역을 감당했습니다.

여러분들의 꿈은 무엇입니까? 목회자나 선교사가 아니라도 우리는 모두 자신의 자리에서 하나님을 위해 일할 수 있습니다. 이제 여러분들의 시대에는 전문적인 직업을 가진 전문인 사역자가 더 많이 필요할 것입니다. 여러분이 어떤 전문인(혹은 직업)이 되어 어떤 방법으로 하나님께 영광을 돌릴지 생각해보고 구체적으로 써보세요.

Tip of Bible

세계가 전문인 사역자를 필요로 합니다

지구 상의 많은 나라들은 기독교 신앙의 입장에서 두 종류로 나누어집니다. 하나님을 믿는 믿음의 자유가 있는 나라와 믿음의 자유가 없는 나라로 말입니다. 우리나라와 같이 믿음의 자유가 있는 나라에는 교회도 많고 목사님들도 많이 계십니다. 그러나 믿음의 자유가 없는 나라들의 경우에는 목회자인 선교사들이 쫓겨나고 믿음의 핍박이 너무나 큽니다. 예수님을 믿으면 학교와 직장에서 쫓겨나고 공무원이나 좋은 직업을 가질 수 없는 나라들이 많습니다. 그래서 이런 나라들의 목사님들이 선교사의 신분으로 복음을 전하러 가는 것은 어렵고 그 나라 정부로부터 허가받기 어려우며 신분이 드러나면 추방당할 수 있습니다. 중앙아시아의 어떤 나라에는 현재 한국인 침례교 선교사가 단 세 명밖에 남아있지 않고 그들조차 언제 추방될지 혹은 언제 입국이 제한될지 알 수 없습니다. 그렇다면 우리는 이러한 나라들을 포기해야 할까요? 그럴 수 없습니다. 고난과 핍박이 큰 그 곳에는 분명 하나님의 구원받을 백성이 있고 우리는 그 땅으로 가야 합니다. 바로 이렇게 핍박이 심하고 믿음의 자유가 없는 나라에 갈 수 있는 사람들이 전문인 사역자들입니다. 전문인 사역자란 전문적인 직업을 가지고 일하면서 복음을 전하는 하나님의 일꾼을 말합니다. 바울도 누가도 브리스길라와 아굴라도 아볼로도 모두가 전문인 사역자였습니다. 사도행전에 나오는 대부분의 사람들은 전문인 사역자입니다. 이들은 로마 전역에 흩어진 다양한 언어를 사용하는 유대인들과 이방인들을 대상으로 복음을 전했는데 자신의 직업을 가지고 일하는 가운데 복음을 전했습니다. 이들은 어떤 경우에 교회와 개인의 후원을 받았으나 궁극적으로 자신의 직업이 있었기 때문에 후원이 끊어지거나 경제적으로 혹은 신앙의 핍박으로 인한 어려운 상황에서도 포기하지 않고 많은 지역을 이동하며 복음을 전할 수 있었습니다.

사랑하는 청소년 여러분, 2천 년 전 초대교회에 전문인 사역자들이 세워져서 복음을 온 세상에 전했던 것처럼 이제 여러분의 시대에 전문적인 직업을 가지고 믿음의 자유가 없는 핍박의 땅에 세워질 사역자를 하나님은 찾고 계십니다. 여러분과 여러분의 직업이 하나님이 없다고 말하는 어두운 땅에 하나님 나라를 크게 세우는 도구가 되기를 기도합니다.

6권

틴틴파워 In Jesus

인 지저스

청소년 핵심공과 신약편

6권

틴틴파워 In Jesus
인 지저스

청소년 핵심공과 6권 | 신앙편

요단

CONTENTS

1단원 다른 종교와 기독교의 차이

제1과 종교와 인간의 관계는 무엇일까요? 4

제2과 종교의 본질을 이해하려는 여러 인간적 노력들이 있어요 10

제3과 다른 종교와 기독교의 차이는 무엇일까요? 16

2단원 다른 방식으로 하나님을 믿는 종교들이 있어요

제4과 이슬람교에 대해 알고 싶어요 22

제5과 이슬람교와 기독교의 차이를 알고 싶어요 28

제6과 유대교와 기독교의 차이를 알고 싶어요 32

3단원 다른 유형의 구원을 찾는 종교들이 있어요

제7과 불교에 대해 알고 싶어요 38

제8과 불교와 기독교의 차이를 알고 싶어요 42

제9과 유교에 대해 알고 싶어요 46

4단원 다른영(靈)을 따르는 종교들이 있어요

제10과 샤머니즘에 대해 알고 싶어요 52

제11과 한국 샤머니즘과 기독교의 관계를 알고 싶어요 58

제12과 복음주의 신앙과 종교 다원주의 신앙의 차이를 알고 싶어요 62

신앙편 | 1단원 다른 종교와 기독교의 차이

단원 주제

다른 종교와 기독교의 차이

단원 해설

다른 종교와 기독교의 차이와 특징을 이해합니다.

중심 구절

"바울이 아레오바고 가운데 서서 말하되 아덴 사람들아 너희를 보니 범사에 종교심이 많도다"(행 17:22).

단원학습목표

종교다원화의 상황 속에 살고 있는 이 시대 청소년들이 다른 종교와 기독교의 근본적 차이와 특징을 알 수 있습니다.

단원핵심정리

다른 종교와 기독교의 비교를 통하여, 다른 종교가 추구하는 능력과 한계를 이해합니다.

단원 소개

이 세상에는 수많은 종교들이 있습니다. 오래전부터 인간이 모여 사는 곳에는 예외 없이 종교가 있습니다. 이것은 인간이 본질적으로 육적인 것을 넘어선 영적인 것에 대한 갈급함이 있는 존재라는 것을 말해줍니다.

1과에서는 역사적으로 필연적일 수밖에 없는 종교와 인간의 관계를 정리해 봅니다. 2과에서는 종교의 본질과 의미를 이해하려고 접근하는 대표적인 방안들에 대하여 소개합니다. 그리고 3과에서는 다른 종교와 기독교가 다르게 간주될 수밖에 없는 본질적 특성에 대해 나누어 봅니다.

제 1과 종교와 인간의 관계는 무엇일까요?

학습 목표 | "종교"(宗教, Religion)는 모든 인간의 역사와 사회에서 발견되는 보편적 현상이라는 사실을 이해한다.

중심 진리 | 모든 인간은 종교적이다(호모 렐리기오수스, Homo Religiosus).

본문 말씀 | 로마서 1:23

Memory Verse | 롬 1:23

"썩어지지 아니하는 하나님의 영광을 썩어질 사람과 새와 짐승과 기어 다니는 동물 모양의 우상으로 바꾸었느니라"

Story of Life

⑴ 우리나라는 언제부터 어떤 종교들이 있었는지 나누어 보세요.

⑵ 세계적으로는 어떤 대표적인 종교들이 있는지, 그리고 그 종교인의 규모와 특징들은 무엇인지 나누어 보세요.

Talk Talk about Life

⑴ 자신 주변의 가족, 친척, 친구들이 가지고 있는 기독교 이외의 다른 종교들은 어떤 것들이 있었나요?

⑵ 다른 종교를 가지고 있는 사람들과 대화를 나누면서 독특한 인상을 받은 적이 있었다면 언제였나요?

Standard of Life

1. 성경은 인간이 누구에 의해 어떻게 창조되었다고 말씀하고 있습니까? (창 1:26~27)

2. 인간은 왜 세상의 여러 다양한 것들을 통해서 자신의 영적 목마름을 해소하려 할까요?(사 55:2; 롬 3:23; 롬 1:20~23)

3. 그러나 성경은 하나님 밖에서 해결책을 찾으려는 모든 시도들에 대해 무엇이라고 경고하고 있습니까?(출 20:4~5)

4. 인간의 여러 종교들을 통한 진리의 추구는 그것들이 때로 수준 높은 도덕과 심오한 철학적 가르침을 지니고 있지만, 결국 진정한 영적 구원에 이르지 못하는 이유는 무엇일까요?(요 3:16)

5. 왜 다른 종교들은 그 고상한 철학과 도덕과 진지한 진리를 향한 열정에도 불구하고 예수 그리스도를 통한 참 구원의 길이 되지 못할까요?(골 2:8; 요 14:6~7)

Change of Life

생활 속에서 경험하는 종교

1. 왜 인간은 종교를 가지고 싶어 할까요?

2. 스스로를 무신론자, 무종교인이라 주장하는 사람들도 엄격한 의미에서 종교인이라 할 수 있는 이유는 무엇입니까?

Decision of Life

첫째, “모든 인간은 종교적이다”(Homo Religiosus). 이것은 과학과 지식이 놀랍게 발전한 오늘날에도 종교가 인간 사회에서 계속 존재하는 이유입니다.

둘째, 세상의 고등 종교들은 피조물인 인간이 창조주 하나님의 진리를 추구하는 진지한 노력의 결실일 수 있습니다.

셋째, 그러나 기독교 이외의 모든 종교는 진리에 대한 인간의 영적 목마름을 해결할 수 없습니다.

넷째, 왜냐하면 인간의 영적 목마름의 궁극적 해소는 예수 그리스도를 통한 하나님의 “형상과 모양”의 회복을 통해서만 가능하기 때문입니다.

제 2과 종교의 본질을 이해하려는 여러 인간적 노력들이 있어요

학습 목표 | 사람들은 인간 사회 어느 곳이나 존재해 온 종교의 본질을 파악하기 위해 다양한 노력들을 기울여왔다는 것을 이해할 수 있다.

중심 진리 | 우리 인간의 이성으로는 종교의 본질을 완전히 이해할 수 없다.

본문 말씀 | 사도행전 4:12

Memory Verse | 행 4:12

"다른 이로써는 구원을 받을 수 없나니 천하 사람 중에 구원을 받을 만한 다른 이름을 우리에게 주신 일이 없음이라 하였더라"

Story of Life

17세기 프랑스에는 시대를 대표하는 위대한 두 철학자가 있었습니다. 한 사람은 현대 철학의 아버지라고 불리는 데카르트(Descartes)였고, 또 한 사람은 요절한 천재 철학자 파스칼(Pascal)이었습니다. 두 사람은 모두 하나님을 믿는 그리스도인이었습니다. 그러나 차이가 있었습니다. 데카르트는 이성의 시대를 개막한 철학자답게 이성적으로 하나님을 믿고 진리를 추구하는 기독교인이었고, 파스칼은 자신이 체험한 신앙을 가지고 하나님을 믿는 사람이었습니다. 파스칼은 이성적으로 믿는 데카르트의 신앙을 항상 안타까워했다고 합니다. 왜냐하면 그는 자신이 경험했던 다음과 같은 생생한 종교적 체험이 있었기 때문입니다.

"은혜의 해
1654년 11월 23일 월요일. 순교 축일표에 따르면 교황이며 순교자인 성 클레멘스 및 다른 성인들의 축일. 순교자 성 크리소곤과 다른 여러 성인들 축일의 전날.
밤 10시 30분경부터 12시 30분경까지.
불.(편집자 주 – 불의 체험을 의미함.)
철학자, 식자의 신 아닌,
아브라함의 하나님, 이삭의 하나님, 야곱의 하나님,
……..
의로운 아버지여, 세상이 아버지를 알지 못하여도
나는 아버지를 알았습니다.
기쁨, 기쁨, 기쁨. 기쁨의 눈물"(Pascal의 체험, 《팡세》,1670)

Talk Talk about Life

1. "종교는 과학 지식이 부족한 시대에 나타난 미신(superstition)"이라고 생각하는 사람들이 있지요? 그 사람들의 입장을 대변해 보세요.

2. "종교는 현실에서 도피할 거짓 위안을 주는 아편(opium)이다"(마르크스)는 주장을 하는 사람도 있었답니다. 왜 그런 생각을 했을까요?

3. 기독교의 "하나님 아버지"는 실재가 아닌 환상(illusion)에 불가하다(프로이트)는 주장을 하는 사람도 있었습니다. 왜 그런 생각을 했을까요?

4. 어떤 사람들은 모든 종교가 윤리적 가르침을 준다는 점에서 같다고 주장합니다. 그 이유는 무엇일까요?

Standard of Life

1. "종교는 미신(superstition)이다"라고 주장하는 사람들에게 어떤 반박을 할 수 있을까요?(신 18:9~11)

2. "종교는 아편(opium) 또는 진통제이다"라고 주장하는 사람들에 대해 어떤 반박을 할 수 있을까요?(눅 4:18~19; 암 5:24)

3. "기독교의 '하나님 아버지'는 환상(illusion)이다"라고 주장하는 사람들에 대해 어떤 반박을 할 수 있을까요?(엡 5:25, 6:4)

4. “윤리(Ethics)는 종교의 핵심이다”라고 주장하는 사람들에 대해 어떤 반박을 할 수 있을까요?(마 22:37~40)

5. “종교는 심오한 철학적 가르침이다”라고 주장하는 사람들에 대해 어떤 반박을 할 수 있을까요?(골 2:8)

Change of Life

생활 속에 실천하는 종교인

1. 종교 없는 세상을 상상해 보세요. 역사는 지금과 어떻게 달라졌을까요?

2. 신앙인으로서 자신이 존경하는 인물들을 한 사람 택하여 이유를 말해 보세요.

Decision of Life

요즘 무신론 과학자로 악명이 높은 리차드 도킨스(Richard Dawkins:1941 ~)와 같이 종교를 비판하는 사람들이 늘고 있습니다. 우리나라에도 서울대학교와 카이스트에 무신론 옹호 동아리가 생겼다는 보도가 있었습니다. 이것은 현대인들이 무신론적 진화론의 입장에서 과학을 배워온 결과인지도 모릅니다. 더욱이 일부 종교인들의 본질에서 벗어난 부끄러운 행태들로 인해서 종교를 갖고 있는 모든 사람들이 매도되고 있는 현상은 안타까운 일이 아닐 수 없습니다. 물론 많은 종교들은 기본적으로 이타적 사랑에 기초한 사회적 순기능으로서의 윤리적 측면을 가지고 있습니다. 그러나 종교는 윤리 이상의 것입니다. 우리가 이성적으로 이해할 수 있는 영역 너머의 많은 영토를 가지고 있습니다. 즉 종교는 보편이성의 가치에 호소하는 철학의 차원을 넘어섭니다(유교, 불교). 종교는 단순히 무지와 나약한 인간의 도피처도 아닙니다(프로이트, 마르크스, 니체, 도킨스). 더욱이 참 종교는 인간의 영적 목마름을 궁극적으로 해결할 근원적인 유일한 해답을 가지고 있습니다(기독교).

제 3과 다른 종교와 기독교의 차이는 무엇일까요?

학습 목표 | 기독교와 다른 고등 종교들은 사회 기능적 차원에서 볼 때 모두 유사한 순기능을 기대할 수 있음에도 불구하고 명백한 근본적 차이가 있다는 것을 확인할 수 있다.

중심 진리 | 기독교를 제외한 모든 종교들은 진리를 찾는 인간적 노력의 결과물이다.

본문 말씀 | 에베소서 2:8-9

Memory Verse | 엡 2:8~9

"너희는 그 은혜에 의하여 믿음으로 말미암아 구원을 받았으니 이것은 너희에게서 난 것이 아니요 하나님의 선물이라 행위에서 난 것이 아니니 이는 누구든지 자랑하지 못하게 함이라"

Story of Life

"불교는 교리적으로 동물은 물론 곤충, 벌레, 식물에 이르기까지 모든 생명을 존중하는 생명중심사상에 깊게 뿌리박고 있다. 이것을 극명하게 보여주는 것은 불교의 가장 기본적인 오계(五戒) 가운데 첫 번째 계율이 어떠한 생명도 죽이지 말라는 불살생(不殺生, 인도에서는 아힝사)이라는 사실이다."

(최준식, 《한국의 종교 문화로 읽는다》, 사계절, 1998.)

"아버지 나를 낳으시고 어머니 나를 기르시니
아아 애달프다 어버이시여 나를 기르시느라 얼마나 애쓰셨으랴
그 깊은 은혜를 갚고자 하나 그 은혜 하늘과 같이 끝이 없도다"
(時日, 父兮生我하시고 母兮鞠我 하시니 哀哀父母여 生我劬勞 셨다
欲報深恩 인대 昊天罔極 이로다, 《明心寶鑑》, 孝行 篇)

* 《명심보감》은 말 그대로 '마음을 밝히는 보배로운 거울' 이라는 뜻으로 고려 29대 충렬왕 때 무신이었던 추적(秋適)이라는 사람이 귀감이 될 만한 글을 엮은 책이며, 만들어진 이래 줄곧 유교 기초 교육의 핵심 교재로 사용되었다.

Talk Talk about Life

1. 우리 주변에 있는 무신론자나 체험이 없이 교회를 다니는 사람들이 교회를 다니는 동기에 대해 나누어 봅시다.

2. 종교에서 사회 기능적으로 유익한 역할을 기대할 수 있다면, 모든 종교가 같은 수준 같은 성격을 가진 것으로 볼 수 있을까요?

Standard of Life

I. 진리 : 인간으로부터 하나님에게로

1. 유교사상이 사회에 주는 긍정적 영향이 있다면 무엇일까요?(엡 6:1~3)

2. 불교사상이 사회에 주는 긍정적 영향이 있다면 무엇일까요?(전 1:2~4)

3. 도교사상이 사회에 주는 긍정적 영향이 있다면 무엇일까요?(창 1:28)

4. 이슬람교사상이 사회에 주는 긍정적 영향이 있다면 무엇일까요?(신 24:19)

II. 진리 : 하나님으로부터 인간에게로

5. 기독교와 다른 종교와의 근본적인 차이는 무엇일까요?(사 55:2)

Change of Life

휴머니즘만으로는 부족하다

1. 다른 종교에서 나타나는 휴머니즘적 가치와 한계는 무엇일까요?

2. 하나님 없는 휴머니즘의 치명적 위험성의 사례를 나누어 보십시오.

Decision of Life

세상의 종교는 인간이 하나님의 진리에 다가가는 노력입니다. 엄격한 의미에서는 하나님 없이 진리에 다가가려는 진지한 노력이라고 볼 수 있습니다. 반면에 기독교는 하나님이 인간에게 보내주신 은혜의 선물입니다. 기독교는 모든 휴머니즘의 가치를 존중하지만 하나님 없는 휴머니즘은 언제나 우상숭배에 빠질 수 있음을 경계합니다.

따라서 하나님 없는 휴머니즘은 위험한 우상숭배입니다. 참 진리와 구원은 인간의 착한 행위나 삶으로 도달할 수 없습니다. 모든 진지한 종교인은 위대한 휴머니스트가 될 수 있지만, 하나님의 은혜 없이는 누구도 그 한계를 극복할 수 없습니다. 즉 하나님의 은혜 없이 사람들에게 일시적으로 인정받을 수는 있지만, 구원에 이르는 데까지는 나갈 수 없습니다.

단원 주제

이슬람교와 유대교의 하나님

단원 해설

이슬람교와 기독교, 유대교와 기독교가 가르치는 내용의 차이에 대해 알아봅니다.

중심 구절

"태초에 말씀이 계시니라 이 말씀이 하나님과 함께 계셨으니 이 말씀은 곧 하나님이시니라"(요 1:1).

단원학습목표

여러 가지 종교들이 있는 상황 속에서 살고 있는 이 시대 청소년들이 이슬람교와 기독교, 유대교와 기독교의 신앙의 차이를 알게 됩니다.

단원핵심정리

이슬람교와 유대교가 가르치는 하나님이 기독교의 하나님과 어떻게 다른지를 알고 설명할 수 있습니다.

신앙편 | 2단원 다른 방식으로 하나님을 믿는 종교들이 있어요

단원 소개

이 세상에는 하나님을 믿되 기독교와 비슷하지만 궁극적으로는 다르게 믿는 종교들이 있습니다. 바로 이슬람교와 유대교가 대표적입니다. 이 세 종교는 얼핏 보면 뿌리도 같고, 따라서 같은 하나님을 믿는 종교들이라고 생각할 수 있습니다. 그러나 기독교는 이 종교들이 가르치는 신앙을 결코 인정할 수 없습니다. 결국 기독교에서 믿는 하나님과는 전혀 다른 신과 구원의 길을 가르치고 있기 때문입니다.

4과에서는 세계 최대 종교인 수를 자랑하는 이슬람교의 특징과 한계를 알아봅니다. 5과에서는 이슬람교와 기독교의 신앙의 차이를 비교하며 알아봅니다. 그리고 6과에서는 같은 뿌리의 종교이지만 결국 다른 신앙을 가르치는 유대교와 기독교의 특징과 차이를 알아봅니다.

제 4과 이슬람교에 대해 알고 싶어요

학습 목표 | 세계 최대 종교 이슬람교의 특징과 한계를 이해한다.

중심 진리 | 이슬람교의 도전을 경계하는 삶

본문 말씀 | 출애굽기 32:1

Memory Verse | 출 32:1

"백성이 모세가 산에서 내려옴이 더딤을 보고 모여 백성이 아론에게 이르러 말하되 일어나라 우리를 위하여 우리를 인도할 신을 만들라 이 모세 곧 우리를 애굽 땅에서 인도하여 낸 사람은 어찌 되었는지 알지 못함이니라"

Story of Life

이슬람교 하면 가장 먼저 생각나는 것에 대해 말해보세요.

1. 911 테러

2. 세계에서 가장 많은 사람들이 믿는 종교

현재 이슬람교는 세계적으로 약 13억 이상의 인구가 믿고 있고 약 50여 개의 나라에서 제일의 종교로 자리를 차지하고 있습니다. 이슬람교는 현재 가톨릭 약 10억, 힌두교 약 7억을 고려할 때 단일종교로는 사실상 세계 최대의 종교입니다. 가장 많은 무슬림 인구를 가진 국가는 중동이 아닌 아시아에 있습니다. 이슬람교 신자가 제일 많은 나라는 인도네시아로 인구의 88%, 약 1억 8천만 명입니다. 다음은 파키스탄 약 1억 4천, 방글라데시 약 1억 명 정도 됩니다. 물론 약 3억 명의 인구를 가진 중동 국가들은 대부분 이슬람 국가이고 북부 아프리카, 중앙아시아의 구소련 지역 사람들 역시 이슬람교를 대부분 믿고 있습니다.

유럽은 현재 전통적으로 가톨릭과 개신교 국가로 분류되지만 두 번째로 많은 인구는 이슬람교인입니다. 현재 영국 4백만, 프랑스 4백만, 독일 2백5십만 명이 있습니다. 미국은 세계 1차 대전 이후 아랍계 이민이 증가함에 따라 무슬림 인구가 본격적으로 늘어나게 되었습니다. 현새 600만 명 정도의 이슬람교 신자가 분포하고 있으며 1,500여 개 이상의 이슬람 성원(모스크)이 있습니다. 한국의 이슬람교는 1950년경 한국전쟁에 참전한 터키군을 통해 공식적으로 들어왔으며, 현재 서울, 부산, 경기 광주, 안산, 안양, 전주, 제주, 포천, 김포, 인천, 대구, 대전, 광주 등지에 성원 또는 이슬람 센터가 있습니다. 최근 이슬람권 근로자와 다문화 가정이 급격히 늘어 10만 이상 되는 것으로 추정됩니다.

Talk Talk about Life

창세기 16장에 비추어본 이슬람교의 뿌리

1. 기독교와 이슬람교는 모두 자신들의 조상으로 누구를 공통으로 가르치고 있을까요?(창 16장)

2. 창세기 16장에서 현재 기독교와 이슬람교의 조상으로 누구를 말하고 있나요?(창16:11–12)

Standard of Life

이슬람교 개요

1. 이슬람교의 창시자 무하마드는 누구일까요?

⑴ 이슬람교인들이 믿는 신은 어떤 이름으로 불리고 그는 어떤 존재일까요?
신 "알라"(Allah)는 누구일까요?

⑵ 이슬람교의 창시자 무하마드(Muhamand : AD 570~632)는 누구인가요?

2. 이슬람교의 기본경전의 이름과 그 특징에 대해 나누어 봅시다.

3. 이슬람교인들은 자신의 신앙을 증거하기 위해 반드시 실천해야 할 5가지 신앙의 의무가 있습니다. 어떤 것들인지 자유롭게 상상하며 이야기해 봅시다.

(1) 샤하다(Shahadah) :

(2) 쌀라(Salah) :

(3) 사움(Sawm) :

(4) 자카트(Zakat) :

(5) 하지(haji) :

4. 이슬람교의 종파는 "순니파"와 "시아파"로 크게 두 가지 종류입니다. 그리고 각각 사우디아라비아와 이란이 두 종파를 대표합니다. 그 특징에 대해 자유롭게 나누어 봅니다.

Change of Life

생활 속의 이슬람

1. 한국의 이슬람교의 역사는 언제부터 시작되었을까요?

2. 현재 한국의 이슬람교 현황에 대해 자유롭게 나누어 보세요.

Decision of Life

이슬람교는 약 13억의 인구를 자랑하는 세계 최대의 종교입니다. 더욱이 이슬람교는 세계적으로 현재 가장 빠르게 성장하고 있는 종교입니다. 이유가 무엇일까요? 이슬람교는 오늘날 세계 속에 보여지는 모습으로는 아닐지라도 꾸란에 나오는 내용적으로는 인류 보편적 가치관에 호소할 수 있는 여러 자원들을 가지고 있습니다. 평등, 약자에 대한 배려, 고리대금업 철저 금지, 술 금지 등. 꾸란에 강조되어있는 이러한 부분들은 자본주의 시대에 가난하고 소외된 사람들에게 매력적인 요소가 됩니다. 실제로 911테러 이전까지 이슬람교는 미국에서 가장 급속히 증가하는 종교였습니다. 물론 우리 기독교 성경의 가르침 역시 평등, 약자에 대한 배려, 고리대금업 금지, 술 취함 경고 등 이에 대한 강조를 하고 있습니다. 만일 이 시대 그리스도인들이 이 부분을 소홀히 여긴다면, 즉 야고보서의 기자가 "행함이 없는 믿음은 그 자체가 죽은 것"(약 2:17)이라는 말씀의 측면을 소홀히 한다면, 이 시대의 사회적 약자들은 이슬람교에 매력을 느낄 수도 있습니다. 우리 모두 믿는 만큼 사는 살아있는 신앙의 주인공들이 될 수 있어야 하겠습니다.

제 5과 이슬람교와 기독교의 차이를 알고 싶어요

학습 목표 | 이슬람교와 기독교의 핵심 요소들을 비교하는 과정에서 기독교인으로서의 자부심이 강화될 수 있다.

중심 진리 | 이슬람교와 기독교의 차이를 비교함으로써 기독교를 더 잘 알 수 있다.

본문 말씀 | 요한일서 4:1

Memory Verse | 요일 4:1

"사랑하는 자들아 영을 다 믿지 말고 오직 영들이 하나님께 속하였나 분별하라 많은 거짓 선지자가 세상에 나왔음이라"

Story of Life

2012년 9월 13일 〈뉴욕 타임스〉와 로이터 통신 등 주요 외신은 이슬람을 모욕하는 영화에 격분한 리비아 무장 시위대가 미국 영사관을 공격했다고 보도했다. 문제의 영화는 이스라엘 태생의 미국인 부동산 개발업자 샘 바실이 만든 〈무슬림의 순진함〉이라는 두 시간짜리 영화이다. 이슬람교 창시자인 마호메트를 사기꾼으로 묘사하고 이슬람을 모욕하는 내용을 담고 있다. 당연히 무슬림들은 분노했고, 이에 시위대가 각국 미국 대사관으로 몰려들었던 것이다. 더욱이 영화 예고편이 공개된 시기가 하필이면 9 · 11과 시점이 겹쳤다. 9 · 11이 일어나고 지난 10여 년간 있었던 아프간 · 이라크 전쟁, 그리고 미국의 대중동 정책은 이슬람권에 불만을 쌓이게 했다. 그런데 때마침 영화가 스파크 구실을 하면서 잠재돼있던 반미감정에 불을 붙인 것이다. 정권이 무너진 혼란한 틈을 타 이슬람 원리주의자들이 급부상한 것 또한 미국 대사관 시위를 부른 또 다른 요인이 되었다(김영미, 〈시사IN〉, 2012년 9월 24일).

Talk Talk about Life

이슬람인 삶의 특징

1. 이슬람교에서는 일부다처제를 인정하고 있습니다. 이에 대해 자유롭게 나누어 보세요(꾸란 4장 3절).

2. 이슬람교에서는 여성들이 자신의 얼굴을 가리는 히삽을 착용합니다. 그 이유에 대해 자유롭게 나누어 보세요(꾸란 24장 31절).

3. 이슬람교에서는 술을 팔거나 살수 없도록 합니다. 이에 대하 자유롭게 나누어 보세요(꾸란 5장 90절).

Standard of Life

기본개요

1. 이슬람교의 신 "알라"와 기독교의 "하나님"의 공통점과 차이점은 무엇일까요?

2. 이슬람교의 창시자 무하마드와 기독교의 예수의 공통점과 차이점은 무엇일까요?

3. 이슬람교의 경전 꾸란과 기독교의 성경의 공통점과 차이점은 무엇일까요?

4. 이슬람교의 구원과 기독교의 구원의 차이는 무엇일까요?

Change of Life

이슬람교의 한계 파악하기

1. 우리가 하나님을 "아버지"라고 부르는 것이 이슬람교인들 앞에서 중요한 이유는 무엇일까요?

2. 우리가 예수님을 단순한 메시아가 아닌 하나님으로 고백해야 하는 이유는 무엇일까요?

3. 우리가 성경 66권을 완전하신 하나님의 진리이자 계시로 강조할 이유는 무엇일까요?

Decision of Life

이슬람교인은 현재 13억 명 이상의 인구를 가진 가장 큰 종교공동체입니다. 뿐만 아니라 신앙을 철저하게 의무적 행위와 연계시킵니다. 즉 믿는 것과 행하는 것을 하나로 엮는 것입니다. 우리가 그리스도인으로서 하나님을 제대로 믿는다면 결코 이슬람교인의 신앙의 열심에 뒤쳐져서는 안되겠습니다. 우리 그리스도인들의 신앙은 결코 그에 따른 믿음의 행위와 별개일 수 없습니다. 특별히 우리의 세상을 향한 착한 행실과 사랑이 사람에게 비추어져 그 자체가 살아계신 하나님의 자녀 됨의 증거물이 되어야 하겠습니다. 우리의 올바른 복음전도는 어쩌면 그 토대위에 던져질 때, 가장 힘있는 진리의 선포가 될 것이라고 생각됩니다.

제 6과 유대교와 기독교의 차이를 알고 싶어요

학습 목표 | 세계 영향력 최강 종교 유대교의 특징과 한계를 이해한다.

중심 진리 | 유대교의 도전을 경계하는 삶

본문 말씀 | 신명기 6:4-5

Memory Verse | 신 6:4-5

"이스라엘아 들으라 우리 하나님 여호와는 오직 유일한 여호와이시니 너는 마음을 다하고 뜻을 다하고 힘을 다하여 네 하나님 여호와를 사랑하라"

Story of Life

노벨상이 수여된 1901년부터 2009년까지 개인 수상자가 793명인데, 그중 유대계가 178명이 받아 전체의 22.3%라고 한다. 네 명 중 한 명인 셈이다. 분야별로는 경제학상의 42%, 의학상의 28%, 물리학상의 26%, 화학상의 20%, 문학상의 12%, 평화상의 9%를 차지했는데, 싹쓸이나 다름없다. 뒤를 이어 독일계 게르만족이 150명, 영미계 앵글로색슨족이 100명 정도라고 한다. 인구비례로 따지면 그 차이는 더 벌어지는데, 중국은 13억 인구에 6명이 받았고, 무슬림은 15억 인구에 9명이 받았는데 비해, 유대인은 전 세계에 흩어진 유대인을 다 모아도 1,500만 명인데 178명이 받은 것이다.

Talk Talk about Life

유대인의 삶의 특징

1. 유대교와 유대인 정체성의 핵심이 과연 무엇인지 자유롭게 나누어 보세요.

2. 유대인에게 "토라"가 어떤 의미에서 중요한지에 대해 나누어 보세요.

3. 유대교인들은 크게 세 갈래 입장이 있는 사람들로 구별됩니다.

(1) 정통파 유대교인 :

(2) 개혁파 유대교인 :

(3) 보수주의 유대교인 :

4. 현대역사에서 유대인들의 입장에 결정적인 영향을 미친 사건인 홀로코스트와 과격 이스라엘 민족주의 사상인 시오니즘이 왜 필연적인 관계를 지니고 있는지 생각해 보십시오.

Standard of Life

기본개요

1. 유대교의 메시아와 기독교의 그리스도의 공통점과 차이점에 대해 나누어 보세요.

2. 유대교의 죄와 기독교의 죄의 공통점과 차이점에 대해 나누어 보세요.

3. 유대교의 구원과 기독교의 구원은 죄 문제와 관련해서 어떤 차이가 있을까요?

Change of Life

유대교의 한계 파악하기

1. 왜 유대교인들은 기독교의 인격적인 하나님 아버지의 개념을 이해할 수 없을까요?

2. 유대인들이 이해하는 예수님에 대한 이해의 한계는 무엇일까요?

3. 유대인들은 십자가에서 돌아가신 예수님을 왜 진정한 메시아로 인정하기 어려울까요?

Decision of Life

우리 기독교인들은 유대인의 비인격적 야훼에 대한 신앙이 아닌 인격적 삼위일체 하나님을 믿는 자들입니다. 예수는 단지 위대한 선자자 중의 한 사람이 아니라 하나님이 사랑하는 인간의 구원을 위해 보내신 유일한 메시아이심을 다시 한 번 고백합니다. 우리 인간은 자신이 이미 지은 죄를 결코 스스로 해결할 수 없는 본질적으로 어둠의 권세 아래 있는 진노의 자녀라는 사실을 인정합니다(엡 2:3). 나사렛 예수 그리스도를 통하지 않고는 우리의 죄 문제를 해결할 다른 어떤 방법도 있을 수 없음을 확인하고 그 은혜를 평생 찬양하며 살 수 있는 하나님의 복된 자녀들이 되어야 하겠습니다(행 4:12).

단원 주제

불교와 유교의 구원

단원 해설

불교와 기독교, 유교와 기독교가 가르치는 구원의 차이에 대해 알아봅니다.

중심 구절

"누가 철학과 헛된 속임수로 너희를 사로잡을까 주의하라 이것은 사람의 전통과 세상의 초등학문을 따름이요 그리스도를 따름이 아니니라"(골 2:8).

단원학습목표

종교다원화의 상황 속에 살고 있는 이 시대 청소년들이 불교와 기독교, 유교와 기독교의 구원의 차이를 알게 됩니다.

단원핵심정리

불교와 유교가 가르치는 구원이 기독교의 하나님과 어떻게 다른지를 알고 설명할 수 있습니다.

신앙편 | 3단원

다른 유형의 구원을 찾는 종교들이 있어요

단원 소개

이 세상에는 사람들을 진리의 세계로 인도하고, 구원하려는 종교들이 많습니다. 불교와 유교는 그 중 대표적인 동양종교들입니다. 이 불교와 유교는 얼핏 보면 특별히 한국 땅에 오래전부터 있어 온 전통종교로 보입니다. 그러나 불교와 유교는 모두 중국을 통해 들어온 외래 종교들입니다. 이 종교들은 수천 년 동안의 역사를 거쳐 지속되어 온 수준 높은 철학과 윤리체계를 지닌 고등종교들입니다. 따라서 우리가 이 종교들을 지나치게 과소평가하거나 무지한 상태에서 쉽게 매도하는 것은 옳지 않습니다. 다만 기독교인으로서 이 종교들이 지닌 강점과 한계들을 정확하게 확인하고 평가하는 정리의 기회는 반드시 필요할 것입니다. 특별히 동양 문화권 안에 있는 한국인들의 의식 속에는 이 두 종교로부터 받은 정신적 유산들이 크기 때문에 객관적이고 냉정하게 그 능력과 한계를 정리할 기회를 갖는 것은 매우 중요합니다.

7과에서는 역사적으로 동양 최대의 종교문화권을 형성해 온 불교의 특징과 한계를 알아봅니다. 8과에서는 불교와 기독교의 구원 차이를 비교하며 알아봅니다. 그리고 9과에서는 불교와 함께 동양인들에게 가장 큰 정신문화적 유산을 남긴 유교 가르침의 핵심요지와 그 구원의 길이 기독교의 것과 비교해서 어떤 공통점과 한계를 갖는 것인지를 정리해볼 기회를 갖습니다.

제 7과 불교에 대해 알고 싶어요

학습 목표 | 동양 최대 종교문화유산인 불교의 특징과 한계를 이해한다.

중심 진리 | 불교의 도전을 경계하는 삶

본문 말씀 | 잠언 3:7

Memory Verse | 잠 3:7

"스스로 지혜롭게 여기지 말지어다 여호와를 경외하며 악을 떠날지어다"

Story of Life

세계적 농구스타인 마이클 조던, 영화배우인 리처드 기어, 키아누 리브스, 해리슨 포드, 톰 행크스, 브래드 피트, 윌리엄 데포, 맥 라이언, 스티븐 시걸, 에디 머피, 우피 골드버그, 우마 서먼, 가수 마돈나, 티나 터너, 레너드 코헨, 영화감독 올리버 스톤…. 이들은 하나같이 참선수행과 불교에 심취해있는 세계적 스타들이다. 마이클 조던이 참선수행을 열심히 한다는 것은 유명한 이야기다. 〈타임〉지는 1999년 1월 그의 은퇴를 다룬 커버스토리 기사에서 조던이 선수시절 매일 참선수행을 해왔는데 그로 인해 경기에서 더 기량을 발휘할 수 있었던 것 같다고 소개했다. 〈타임〉지는 참선수행이 개인플레이가 강하던 조단을 팀플레이를 중시하는 선수로 변모시켰다고 덧붙였다. 조던의 시카고 불스가 1997, 1998년 연속 유타 재즈를 이기고 우승했을 때였다. 그의 옆에 몰려든 수백 명의 기자 중 한 기자가 "상대편 유타 재즈 선수들은 시카고 불스 선수들보다 젊고 빠른데 어떻게 이길 수가 있었느냐"고 비결을 물었다. 그러자 조던은 "참선수행의 힘"이라고 잘라 말했다. "참선수행이 우리 팀을 한마음으로 만들었다. 필 잭슨 감독은 지난 28년 동안 일본 선사 밑에서 참선수행을 해왔다. 그는 시카고 불스에 신인선수가 들어올 때마다 스즈키 로쉬의 《선의 마음, 초발심》이라는 책을 권한다. 참선은 나의 급한 성격을 열정과 자신감으로 뒤바꿔놓았다"(현각, 《만행. 하버드에서 화계사까지》, 열림원, 2000).

Talk Talk about Life

1. 불교하면 생각나는 것을 자유롭게 나누어 보세요.

2. 불교는 우리나라에 오래전부터 있던 종교로서 우리가 사용하는 말에도 영향을 미쳤습니다. 어떤 것들이 있을지 예를 들어 나누어 봅시다.

Standard of Life

불교 개요

1. 불교의 창시자 석가모니(Sakyamuni: B.C. 563~483)는 누구일까요?

2. 석가모니가 가르친 인간의 문제와 구원은 무엇을 말할까요?

3. 불교인들의 경전에는 어떤 것들이 있을까요?

(1) 경장(經藏)

(2) 율장(律藏)

(3) 논장(論藏)

Change of Life

생활 속 불교의 도전

오늘날 세계적으로 특히 서구인들이 불교에 많은 관심을 보이고 있는 이유는 무엇일까요?

(1) 기독교의 세속화 :

(2) 생태계의 위기 :

Decision of Life

불교는 인간이 하나님 없이 인간 구원의 진리를 추구하는 가장 수준 높은 종교입니다. 석가모니가 가르친 사성제 인생원리는 이성적, 논리적 차원에서 평가하자면 놀라울 정도의 깊은 통찰을 포함하고 있습니다. 문제는 불교가 제시하는 구원이 실제 인간 스스로의 힘으로 성취 가능하냐는 문제입니다. 그 가능성의 긍정을 주장한다는 점에서 불교는 가장 강력한 인본주의 또는 휴머니즘의 종교입니다.

그러나 성경은 우리 인간은 아담과 하와의 타락 이래 본질적으로 하나님과의 관계가 끊어진 죄인으로서, 스스로 그 회복을 성취할 수 없음을 선언합니다. 우리는 하나님의 은혜, 즉 예수 그리스도의 십자가 복음에 대한 믿음을 통하지 않고서는 구원을 얻을 수 없습니다(행 4:12). 우리는 선택해야 합니다. 나 자신의 구원의 능력을 믿고 휴머니즘에 자신의 인생을 맡길 것인가? 아니면 하나님의 말씀인 성경의 인간을 향한 죄인 됨의 선언과 그 치명적인 상황을 인정하고 예수 그리스도를 통한 은혜의 길을 선택할 것인가?(엡 2:8~9)

제 8과 불교와 기독교의 차이를 알고 싶어요

학습 목표 | 동양 최대 종교문화유산인 불교와 기독교의 차이를 이해한다.

중심 진리 | 불교와의 차이점 비교를 통하여 기독교 진리의 가치를 더 잘 이해할 수 있다.

본문 말씀 | 로마서 1:22-23

Memory Verse | 롬 1:22~23

"스스로 지혜 있다 하나 어리석게 되어 썩어지지 아니하는 하나님의 영광을 썩어질 사람과 새와 짐승과 기어다니는 동물 모양의 우상으로 바꾸었느니라"

Story of Life

서재생 목사는 사춘기 때부터 인생의 문제를 사색하는 가운데 4번이나 자살시도를 하기도 했다. 결국 불교의 무의 사상과 해탈사상에 빠져 고등학교를 그만두고 18세 때 승려로 입문했다. 20세 때 장종양으로 사형선고를 받았다. 병원에 있을 때 간호사의 전도를 받았으며, 형 친구의 권유로 처음으로 성경을 접했다. 부흥회에 참가하여 기도하는 도중 병이 치유되는 기적을 얻었다. 그 후 개종하고 신학대에 입학했으나 기독교에 대한 회의로 힘들어 하는 가운데 군대에 가게 됐다. 군대 생활도중 교통사고를 당해 장파열로 3개월밖에 살지 못한다는 시한부 인생을 선고받았다. 하지만 역시 하나님의 은혜로 치유되는 경험을 하게 되고 목사가 되었다. 서 목사는 불교와 기독교의 차이에 대해 언급하며 "불교는 무로 없어지지만, 기독교는 영원히 영생하는 것"이라고 말했다. 또 "불교는 수학공식같이 1+1=2이지만, 기독교는 믿음으로 받아들이면 천도 만도 될 수 있다"고 말했다. 서재생 목사는 불교권 전도에 대해서도 언급했다. 병원에서 사경을 헤메고 있을 때 간호사가 승려임을 알면서도 전도를 했으며, 심지어 그녀는 아무리 욕을 해도 전도를 멈추지 않았으며, 결국 간호사의 기도로 구원의 역사를 받았다고 간증했다. 또 자신도 택시에 합승한 불교도를 전도하다 욕을 먹었지만 기도하는 가운데 개종하여 남서울중앙교회 여전도회장이 되었다고 말했다.(승려출신 목회자가 된 서울대현교회 서재생 목사 간증 중에서)

Talk Talk about Life

1. 불교는 한국의 전통 종교일까요? 외래 종교일까요? 서로 자유롭게 생각을 나누어 보세요.

2. 불교와 기독교 중에 어느 종교가 다른 종교에 대해 더 너그러운 입장을 갖는다고 생각하는지, 그렇다면 그 이유는 무엇 때문인지에 대해 나누어 보세요.

Standard of Life

불교와 기독교 비교

1. 석가모니와 예수의 공통점과 차이점을 서로 비교해볼 때, 석가모니의 한계는 어디에 있을까요?

2. 불교에서 가르치는 인간의 모습은 기독교와 어떤 차이점이 있을까요?

3. 불교에서 말하는 구원과 기독교의 구원이 근본적으로 다른 까닭은 무엇일까요?

불 교	타력구원
기독교	자력구원

Change of Life

생활 속 불교의 도전

1. 예수님의 "십자가 사랑"은 석가모니의 "자비"에 비해 어떤 면에서 더 크고 깊은 사랑일까요?

2. 우리는 기독교인으로서 이 시대 불교의 어떤 도전들을 가장 경계해야 할까요?

Decision of Life

이 시대 불교는 세계인들에게 매력을 끌고 있는 종교로서 기독교의 가장 큰 도전 중의 하나입니다. 특별히 불교의 아힘사(不殺生) 사상, 그리고 물질 추구보다 마음을 공부의 핵심영역으로 간주하는 사상 등은 자본주의 시대 한 복판에서 세속화 되어가는 기독교에 부담스러운 상대로까지 여겨지기도 합니다. 따라서 우리는 이 시대 불교가 도전하는 주제들을 진지하게 검토하고 인정할 것은 인정하며, 기독교인으로서 성경이 가르치는 본래의 자리를 회복함으로써 강력히 맞설 필요가 있습니다. 우리는 이것이 왜 불교와 같은 휴머니즘 종교에 대한 가장 강력하고 중요한 대처가 될 수 있는지를 파악해야 합니다. 많은 종교학자들이 인정하듯이 불교는 하나님이 주신 이성으로 인간이 도달할 수 있는 가장 정교하고 심오한 철학적 체계입니다. 이 도전을 물리칠 수 있으려면 우리는 정녕 성경이 가르치고 성령님이 인도하시기를 원하는 본래의 자리로 돌아가야 합니다. 그 자리에서 모든 그리스도인들은 "내가 곧 길이요 진리요 생명이니 나로 말미암지 않고는 아버지께로 올 자가 없느니라"(요 14:6)는 예수 그리스도의 복음, 각자가 경험한 십자가의 복음을 용기 있게 전해야 합니다.

제 9과 유교에 대해 알고 싶어요

학습 목표 | 동양 최대 종교문화유산인 유교와 기독교의 차이를 이해한다.

중심 진리 | 기독교 진리의 가치를 유교와의 차이 비교를 통하여 더 잘 이해할 수 있다.

본문 말씀 | 에베소서 6:1-3

Memory Verse | 엡 6:1~3

"자녀들아 주 안에서 너희 부모에게 순종하라 이것이 옳으니라 네 아버지와 어머니를 공경하라 이것은 약속이 있는 첫 계명이니 이로써 네가 잘되고 땅에서 장수하리라"

Story of Life

옛날 조선시대에 어떤 임금님이 한양을 떠나 개성을 방문하게 되었습니다. 그 소식을 들은 병든 어머니가 말했습니다. "내가 이 나라의 백성으로 태어났으니 죽기 전 임금님 얼굴을 한 번 보는 것이 소원이지만 어렵지 않겠느냐?" 효심이 많은 아들은 그날에 어머니를 업고 잘 보이는 장소를 찾아가 기다렸다가 지나가는 임금님 행차를 보여드렸습니다. 이와 같은 효자이야기를 전해들은 임금님이 효심 많은 아들을 대궐로 불러서 자초지종을 듣고 "과연 효자로다!"하고 금 100량과 쌀 한 섬을 내려주었습니다. 그 이야기를 알게 된 고약한 불효자가 상금이 탐나서 원하지도 않는 어머니를 업고 나가서 똑같이 행동하고 금 100냥을 받았습니다. 신하들이 불효자의 잘못을 고해바치며 상 대신 큰 벌을 주라고 고했지만 임금님은 꿈쩍도 하지 않았습니다. "효도는 흉내만 내어도 좋은 것이니라!" 불효자는 상 받은 이후 크게 뉘우치고 효자가 되었다 합니다.

Talk Talk about Life

1. 유교하면 생각나는 것에 대해 함께 자유롭게 나누어 보세요.

2. 유교 문화가 한국사회에 미친 긍정적인 유산들에는 어떤 것들이 있을지 나누어 보세요.

(1)

(2)

(3)

Standard of Life

기본개요

1. 유교의 창시자로 알려진 공자(孔子, B.C. 551~479)는 어떤 사람일까요?

2. 유교에서 말하는 신(神)은 기독교의 하나님과 어떤 차이가 있을까요?

3. 이상적 인간에 대한 유교와 기독교의 차이는 무엇일까요?

4. 기독교인으로서 유교의 제사는 어떻게 이해하는 것이 바람직할까요?

Change of Life

생활 속 유교의 도전

1. 왜 기독교인들은 효자(孝子)가 되어야 할까요?
   (1)
   (2)

2. 자신이 앞으로 부모님께 구체적으로 실천할 효(孝)의 내용을 소개한다면 무엇이 있을까요?

Decision of Life

이 시대 많은 사람들은 "효"(孝)가 유교에서 가장 귀중한 가치 중의 하나이며 계속되어야할 덕목으로 생각합니다. 그런데 이 부모를 공경하라는 가르침은 기독교에서도 십계명의 제 5계명에 해당하는 중요한 명령입니다(출 20:12). 우리는 하나님의 자녀로서 부모를 최선을 다해 공경해야 합니다. 만일 그렇게 하지 못한다면, 유교 문화를 정신적 문화유산으로 인식하는 많은 한국인들은 우리가 전하는 복음과 말에 결코 귀를 열지 않을 것입니다. 또한 유교는 제사의 근본정신을 효도의 연장으로서 가르칩니다. 따라서 우리는 이에 대한 무조건적 비판보다는 그 기본정신의 가치를 존중하되, 제사에 분명 조상신을 섬겨서 이득을 보겠다는 샤머니즘 기복신앙(祈福信仰)문화의 어떤 요소들이 결합되어 있는지 분별함으로써, 하나님이 가장 싫어하시는 우상숭배문화로부터 확실히 선을 긋는 신앙적 결단이 필요합니다.

단원 주제

한국 샤머니즘(巫俗)과 기독교의 관계, 그리고 종교다원주의 문제

단원 해설

한국 샤머니즘의 특징과 기독교에 미친 영향, 그리고 종교다원주의의 도전에 대한 정통 기독교신앙인의 대처 방안을 다룹니다.

중심 구절

"사랑하는 자들아 영을 다 믿지 말고 오직 영들이 하나님께 속하였나 분별하라 많은 거짓 선지자가 세상에 나왔음이라"(요일 4:1).

단원학습목표

세상 모든 영들이 하나님으로부터 오는 거룩한 영이 아님을 확실히 알게 됩니다. 또한 오직 예수 그리스도를 통한 구원의 유일성을 지켜야 할 이유를 알게 됩니다.

단원핵심정리

점치고 예언하고 어떤 영들과의 관계를 통해 자신의 삶에 유익을 기대하는 모든 행위를 하나님이 얼마나 싫어하시는지 알고 설명할 수 있습니다. 그리고 모든 인간이 구원을 얻을 만한 이름은 오직 예수 그리스도이심을 확인할 수 있습니다.

신앙편 | 4단원

다른 영(靈)을 따르는 종교들이 있어요

단원 소개

이 세상에는 사람들을 미혹하는 많은 영들이 있습니다. 샤머니즘은 하나님의 성령이 아닌 그 수많은 영들과의 관계 또는 소통을 통해서 현실 세계에서 잘 먹고, 행복하게 살려는 시도입니다. 우리나라 종교들 중 가장 오래된 전통을 자랑하는 한국 샤머니즘(巫俗)도 예외가 아닙니다. 한국 샤머니즘은 삼국시대 이전부터 한국 사람들의 삶에 큰 영향을 미쳐왔고, 오늘날에는 전통문화유산의 하나로 포장되어 있기도 합니다. 문제는 하나님께서 우리가 이 샤머니즘의 세계에서 관계하는 것을 매우 싫어하신다는 사실입니다. 왜냐하면 그 영들은 하나님으로부터 온 것이 아니기 때문입니다. 더욱이 한국에서 이 샤머니즘의 뿌리와 영향력이 매우 커서 기독교인들에게도 많은 미혹거리를 제공하고 있습니다. 따라서 우리는 한국 샤머니즘이 도대체 무엇이고 얼마나 실제적 영향을 미치고 있는지를 파악합니다. 또한 마지막으로 기독교인으로서 우린 오늘날 다른 종교들과의 관계 속에서 제기된 가장 강력한 도전인 종교다원주의 문제를 정통 복음주의 신앙인 입장에서 정리합니다. 이것을 통해서 정통 기독교인들이 종교다원주의 문제를 정리하는 가장 성경적인 입장과 내용을 소개받게 됩니다.

10과에서는 역사상 가장 뿌리 깊게 한국인들에게 영향을 미치고 있는 샤머니즘의 본질과 기본 내용에 대해 알아봅니다. 11과에서는 한국인들의 뼛속 깊이 자리 잡은 샤머니즘 문화와 기독교의 관계에 대해 알아봅니다. 그리고 마지막으로 12과에서는 이 시대 정통 복음주의 신앙인들에게 가장 강력한 도전인 종교다원주의 문제에 대해 살펴보고, 그 극복의 방향을 함께 나누어 볼 기회를 갖습니다.

제 10과 샤머니즘에 대해 알고 싶어요

학습 목표 | 한국 샤머니즘의 본질과 영향에 대해 이해한다.

중심 진리 | 샤머니즘(巫俗)의 미혹을 경계하는 삶

본문 말씀 | 신명기 18:10-11

Memory Verse | 신 18:10-11

"그의 아들이나 딸을 불 가운데로 지나게 하는 자나 점쟁이나 길흉을 말하는 자나 요술하는 자나 무당이나 진언자나 신접자나 박수나 초혼자를 너희 가운데에 용납하지 말라"

Story of Life

무당이 된 하이틴 스타

2007년 6월 4일 오후 7시 25분 방송된 KBS 2TV '인간극장' 에서는 무당의 삶을 살고 있는 80년대 스타 박미령의 인생사를 다뤘다. 박미령은 잡지 표지 모델을 시작으로 제과회사 모델은 물론 우리나라 최초 여고생 화장품 CF모델, KBS 2TV '젊음의 행진' MC까지, 활발한 연예활동을 한 전직 연예인이다. 유명가수와 결혼했던 평범한 가정의 아내였다. 그런 어느 날 박미령은 뜻하지 않은 사건을 당했다. 온몸이 부서질 듯 아프고, 어디선가 사람이 걷는 것 같은 환청이 들려오기 시작한 것. 이유모를 고통은 날로 심해졌고 고통의 원인은 다름 아닌 무병이라는 사실을 알게 됐다. 오랜 시간 동안 원인모를 병에 시달리던 그녀는 온갖 방법을 동원해 치료 방법을 모색했지만 소용이 없었다. 고통이 너무 심해 '차라리 죽어버리자' 며 과속 운전을 하거나 동맥을 끊는 자살시도까지 했다. 자신을 그토록 고통스럽게 했던 원인이 무병이라는 사실을 알게 된 박미령은 극도로 심한 우울증에 시달렸다. 자연히 남편과의 정상적인 관계도 성립되지 않고 무병을 앓고 있는 자신을 힘겹게 바라보는 남편을 보는 것도 힘들어 사랑하는 남편을 떠나보냈다. 남편 뿐 아니라 친구들, 가족, 가까운 지인 등을 모두 잃었다. 하지만 그녀를 무섭게 만든 건 신내림을 받지 않으면 자신의 아들에게 무병이 되물림 된다는 소름끼치도록 무서운 사실 때문. 결국 그녀는 무당으로서 인정하기 힘든 운명을 인정하고 신내림을 받았다.(《중앙일보》, 2007년 6월 5일 기사)

Talk Talk about Life

1. 눈에 보이지 않는 "영"(靈)들의 세계에 대해 자유롭게 각자의 생각을 말해봅니다.

2. 마가복음 5장 1-13절에 나오는 거라사 광인 이야기를 읽고서 더러운 "귀신"의 특성에 대해 나누어 보세요.

(1) 귀신은 인간보다 훨씬 힘이 센 존재입니다(4절).

(2) 귀신은 예수님을 두려워하는 존재입니다(6~7절).

(3) 예수님은 귀신을 명령하고 순종하게 할 수 있는 분입니다(8절).

Standard of Life

무속 개요

1. 무당(Shaman, 巫堂)하면 떠오르는 생각은 무엇인가요?

(1) 무당이란?

(2) 무당이 되는 과정은?

(3) 무당이 되면 하는 일은?

2. 무당이 섬기는 신령(神靈)들에는 어떤 것들이 있을까요?

3. 굿이란 무엇일까요?

Change of Life

생활 속 무속의 도전 극복하기

과학과 이성이 고도로 발달한 이 시대에 왜 샤머니즘(무속)이 더 유행하고 있을까요?

Decision of Life

우리는 다음과 같이 하나님이 성경에서 샤머니즘 행위를 단호히 심판하시는 말씀을 다시 한 번 명심하고 붙잡아야 합니다. "네 하나님 여호와께서 네게 주시는 땅에 들어가거든 너는 그 민족들의 가증한 행위를 본받지 말 것이니 그의 아들이나 딸을 불 가운데로 지나게 하는 자나 점쟁이나 길흉을 말하는 자나 요술하는 자나 무당이나 진언자나 신접자나 박수나 초혼자를 너희 가운데에 용납하지 말라 이런 일을 행하는 모든 자를 여호와께서 가증히 여기시나니 이런 가증한 일로 말미암아 네 하나님 여호와께서 그들을 네 앞에서 쫓아내시느니라 너는 네 하나님 여호와 앞에서 완전하라 네가 쫓아낼 이 민족들은 길흉을 말하는 자나 점쟁이의 말을 듣거니와 네게는 네 하나님 여호와께서 이런 일을 용납하지 아니하시느니라"(신 18:9-14).

제 11과 한국 샤머니즘과 기독교의 관계를 알고 싶어요

학습 목표 | 한국 샤머니즘과 기독교의 관계를 이해한다.

중심 진리 | 샤머니즘의 미혹을 경계하는 삶

본문 말씀 | 신명기 4:19

Memory Verse | 신 4:19

"또 그리하여 네가 하늘을 향하여 눈을 들어 해와 달과 별들, 하늘 위의 모든 천체 곧 너희의 하나님 여호와께서 천하 만민을 위하여 배정하신 것을 보고 미혹하여 그것에 경배하며 섬기지 말라"

Story of Life

한국 기독교에서 현저하게 나타나는 무속적 요소는 현실 이익 추구의 공리적 신앙관을 먼저 들 수 있다. 교회에 출석해서 예배보는 신도들이 기독교의 교리나 복음의 참뜻을 알기 전에 타산관념을 앞세우고 교회에 출석하여 그들의 온갖 소망을 소원하는 것이다. 그 소원의 내용이 대개 치병, 부귀, 사후천당의 것으로 이와 같은 소망을 하나님을 믿음으로써 달성해보려는 것이니, 공리에 매인 신앙관이 아닐 수 없다. 물론 한국의 기독교 신도가 전부 앞서 전술한 공리 신앙을 가졌다는 것이 아니며 신도들에게 그런 신앙의식을 불어 넣은 전도자에게 그 책임이 있는 것이지만 그것은 어쩔 수 없는 한국의 종교풍토의 색채인 것이다(김태곤, 《무속과 영의 세계》, 한울, 1993).

Talk Talk about Life

한국 샤머니즘(무속) 문화가 기독교에 미친 대표적인 부정적 영향들에 대해 나누어 보세요.

Standard of Life

무속문화와 기독교

1. 예배는 보는 것일까요? 드리는 것일까요?

2. 헌금은 복채일까요? 신앙고백일까요?

3. 한국 기독교인들의 지나친 목회자 의존 경향의 뿌리는 어디에 있을까요?

Change of Life

생활 속 무속문화에 대한 대처

1. 왜 사람들은 하나님의 성령이 아닌 다른 영들에 미혹될까요?

(1) 하나님의 성령과 다른 영들을 (　　　　)하지 못하기 때문입니다.
(2) 인간보다 강한 영적 존재들이 다 (　　　　)이라고 착각하기 때문입니다.
(3) (　　) 이외의 모든 영들은 거룩하지도 전능하지도 참되지도 않은 존재임을 깨닫지 못하기 때문입니다.
(4) 우리 인간의 진정한 주인은 오직 (　　　　)뿐이심을 망각하기 때문입니다.

2. 한국의 기독교인들이 무속의 영향력에서 벗어나려면 어떤 방법이 필요할까요?

Decision of Life

하나님은 세상 모든 만물의 창조주이십니다. 그리고 세상 모든 만물을 다스리고 심판하십니다. 능력대결(power encounter)의 관점에서 사탄이나 귀신의 힘보다 하나님의 힘이 비교도 안 될 정도로 크고 절대적이라는 것을 확실히 알아야 합니다. 성경은 하나님 이외의 다른 영들의 존재나 역사가 있음을 부인하지는 않습니다. 다만 하나님은 당신 이외의 그 모든 것들을 섬기거나 관계하는 것을 매우 싫어하시고 가증히 여기심을 강조합니다. 따라서 하나님의 자녀들은 미혹하는 모든 다른 영들, 즉 오직 하나님 이외의 모든 것에 대한 우상숭배의 마음을 일체 단호히 거부하는 결단을 보여야 할 것입니다.

제 12과 복음주의 신앙과 종교 다원주의 신앙의 차이를 알고 싶어요

학습 목표 | 종교다원주의를 대처하는 정통 복음주의 신앙의 원리를 배우고 실천한다.

중심 진리 | 종교다원주의의 도전을 극복하는 신앙

본문 말씀 | 요한복음 14:6

Memory Verse | 요 14:6

"예수께서 이르시되 내가 곧 길이요 진리요 생명이니 나로 말미암지 않고는 아버지께로 올 자가 없느니라"

Story of Life

수많은 다른 종교들이 지구촌의 문 앞에서 북적댄다는 이유 때문에 오늘날 사람들이 기독교 복음의 선포를 반대하는 것은 참으로 아이러니한 일이다. 도대체 새로운 것이 무엇인가? 고대에 있어서 종교의 다양성은 오늘날보다 훨씬 더 복잡하였다. 또한 초대교회 그리스도인들은 예수를 궁극적인 진리로 주장함에 있어서 처음부터 다른 종교들과의 갈등에 직면하였다. 그들의 태도는 자못 흥미로웠다. 우리가 아는 한 그들은 대화하지 않았다. 그들은 다른 종교들을 비난하지도 않았다. 그들은 다만 가능한 모든 힘과 설득력을 동원해서 예수를 선포하였던 것이다.

Talk Talk about Life

정통 복음주의 기독교는 장로교회, 감리교회, 침례교회, 성결교회, 순복음교회 등 다양한 기독교 전통에도 불구하고, 어느 시대나 다음 4가지 주제들에 대한 일치된 신앙의 입장을 가지고 있습니다. 다음 주제에 대한 복음적 신앙고백을 서로 나누고 점검해 보세요.

1. 성경이란?

정통 복음주의 신앙은 성경을 오류 없는 하나님의 계시이자 진리의 말씀으로 믿습니다.

마 5:18

요 17:17

딤후 3:16~17

2. 예수님은?

정통 복음주의 신앙은 예수 그리스도를 모든 인간의 궁극적 과제인 죄 문제를 해결할 유일의 길임을 믿습니다.

요 14:6

요 20:31

행 4:12

3. 성령님은?

정통 복음주의 신앙은 모든 인간의 본질적 삶의 변화는 오직 성령님을 통해서만 일어날 수 있다는 것을 믿습니다.

요 3:5

롬 8:8~10

고전 2:12

4. 선교란?

복음주의 신앙인은 복음전도가 장사한지 사흘 만에 부활하신 예수님이 교회와 모든 그리스도인들에게 주신 일차적 사명이라고 믿습니다.

마 28:19~20

막 16:15

행 1:8

Standard of Life

종교다원주의적 질문들

1. 기독교 이외의 다른 종교들도 수준 높은 가르침을 전하고 있지 않나요?

세상의 다른 고등종교와 기독교의 공통점은 철학적, 윤리적, 사회 기능적 차원에서 인간의 욕망을 극복하도록 안내하는 고등종교라는 것입니다. 그럼에도 불구하고 기독교와 다른 고등종교들의 차별성은 오직 기독교만이 인간의 죄 문제를 해결하고 구원받을 확실한 방안과 대책을 가지고 있다는 점입니다.

2. 다른 종교에도 구원이 있다고 믿는 이른바 종교다원주의는 세계 평화에 기여하지 않을까요?

현재 세계에서 전쟁과 분쟁이 일어나는 것은 기독교인들이 종교다원주의를 지향하지 않기 때문이 아니라 정치인들이 종교를 내세워 자신의 정치적 목적을 이루려는 경우가 더 많기 때문입니다. 또한 각 종교의 구원은 완전히 다른 유형을 지니고 있습니다. 그러므로 여러 종교가 같은 구원에 이를 수 있다는 전제로 출발하는 종교다원주의는 결코 정당화 될 수 없습니다. 오히려 각 종교의 가르침을 적당히 얼버무려 공통분모를 산출하는 종교혼합주의(syncretism)를 낳을 뿐입니다. 세계의 평화는 오히려 각 종교의 가르침을 그대로 실천하는데서 더 기대할 수 있지, 결코 종교다원주의가 세계 평화에 기여하지는 않습니다.

3. 오직 예수 그리스도를 통해서만 구원을 받을 수 있다는 정통 복음주의 기독교 입장은 너무 독선적인 것이 아닐까요?

모든 진정한 기독교인들은 예수 그리스도에 대한 인격적 만남을 정체성으로 하는 구원의 체험을 가지고 있습니다. 기독교가 보기에 따라서 독선적으로 보일 수 있는 이유는 바로 이점 때문입니다. 기독교를 제외한 여러 많은 고등종교들은 각각의 수준 높은 윤리와 철학을 제공하고 있습니다. 이 고등종교들의 가르침을 충실히 따른다면 대부분 세상에서 수준 높은 윤리의식과 사회 기능적 측면에서 유익한 인생의 주인공들이 될 가능성이 많습니다. 그런데 기독교에서 말하는 구원은 그러한 윤리, 철학만으로는 얻기가 불가능합니다. 그 정도 차원에서 보자면 기독교는 다른 고등종교들과 수준에 있어서 구분이 되지 않습니다. 그런데 문제는 기독교인은 예수 그리스도라는 골드를 인격적으로 만나고 경험한 사람들의 종교라는 것입니다. 이것이 바로 기독교가 단순한 인생윤리와 인생철학의 가르침을 넘어서는 이유입니다. 다른 종교와 불가피하게 차별되어 예수 그리스도라는 골드를 강조하다가 독선적이라는 오해를 받는 이유가 됩니다.

4. 가톨릭과 기독교(개신교)의 사이보다 가톨릭과 불교의 사이가 더 좋아 보이는 이유는 무엇일까요?

Change of Life

종교다원주의 시대에 복음주의 신앙인의 점검

1. 종교다원주의 시대에 "오직 예수 그리스도"를 붙잡는 것은 왜 중요할까요?(롬 1:16)

인간의 구원은 오직 죄 문제에 대한 완전한 해결로서만 가능하며, 예수 그리스도 이외에 인간이 구원을 얻을 방안이 없기 때문입니다. 따라서 예수님을 인격적으로 만난 진정한 기독교인들은 종교다원주의 시대에 세상이 아무리 예수 그리스도를 유일의 구세주로 붙잡는 것을 이해하지 못하고 조롱한다고 해도 그 신앙을 양보해서는 안됩니다.

2. 종교다원주의 시대에 기독교인들이 왜 초대교회 신앙을 충실하게 따르는 것이 중요할까요?(막 8:34)

초대교회 교인들이 당시 핍박받는 소수의 무리로서 세상에 맞서서 오직 예수님을 구세주로 믿고 전한 방식은 말이나 화려한 교회 시설이나 세상적인 어떤 자랑을 통해서가 아니었습니다. 오직 예수님과의 인격적인 관계 속에서 자신이 받은 은혜와 사랑을 그대로 흘려보내는 제자의 삶을 감당함으로써 세상에 충격을 주고 감동을 주며, 궁극적으로 예수님의 유일한 구주되심을 전하였던 것입니다. 우리는 정녕 예수님을 얼마나 초대교회 신앙의 선배들이 믿는 방식 그대로 믿고 따르고 있는지를 점검해야 합니다.

Decision of Life

기독교인으로서 종교다원주의 시대는 가장 강력한 도전입니다. 내가 인격적으로 만나 유일한 구세주로 고백하는 예수님에 대한 신앙을 세상이 간섭하고 있는 시대이기 때문입니다. 그러나 우리가 세상의 도전 때문에 예수 그리스도의 유일성을 포기한다는 것은 기독교인이기를 포기하는 것입니다. 왜냐하면 "기독교"(Christianity)는 그 의미 자체가 "예수 그리스도를 따르는 공동체"이기 때문입니다. 다만 우리의 오직 예수 신앙은 종교다원주의 시대에서조차 세상을 향한 당당한 선포가 되기 위해서 성경적 가르침을 따라야 할 필요가 있습니다. 초대교회 그리스도인들은 오직 예수 그리스도에 대한 신앙을 발로만 선포한 것이 아니라 철저한 예수 그리스도의 제자가 됨으로써 자신들의 삶 자체가 세상을 향한 가장 강력한 복음 선포가 되었던 것입니다. 그들은 정녕 세상에서 땅을 붙이고서 함께 살되 세상 사람들과 구별되어 더 사랑하고, 더 거룩하고, 더 착한 삶을 살았습니다. 그리고 그 삶의 기반 위에 내가 만난 오직 예수 그리스도의 구주됨을 담대히 전했습니다. 우리의 삶 전체를 통해서 증거되는 우리의 신앙고백이 어느 때보다 필요한 시대인 것입니다.

Memo

6권

틴틴파워 In Jesus 인 지저스

청소년 핵심공과 신앙편

6권

틴틴파워 In Jesus 인 지저스

청소년 핵심공과 6권 | **생활편**

요단

CONTENTS

1단원 내면의 공간(나)

제1과 되고 싶은 나 4

제2과 실제의 나 10

제3과 그리스도 안에서 구속된 나 14

2단원 가정의 공간(가정)

제4과 내가 꿈꾸는 가정 20

제5과 실제 우리 가정 24

제6과 그리스도 안에서 구속된 가정 28

3단원 생활의 공간(학교)

제7과 내가 꿈꾸는 학교 34

제8과 학교, 우리들의 자화상 40

제9과 그리스도 안에서 나의 학교생활 44

4단원 미래의 공간

제10과 내가 꿈꾸는 미래 52

제11과 미래를 꿈꾸는 나의 오늘 56

제12과 내가 꿈꾸어야 할 미래 60

단원 주제

내면의 공간(나)

단원 해설

우리는 자신에 대한 개념을 형성해 나가며 성장합니다. 청소년기는 특별히 자기 존재에 관심을 가지는 '자아 발견'의 시기라 할 수 있습니다. 자기 개념(self-concept)은 개인이 자기 자신에 대해 어떻게 생각하고 느끼는지에 대한 종합적인 견해와 태도라고 말할 수 있습니다. 자기 개념은 여러 가지 차원을 갖는데, 특히 두드러진 두 가지 측면은 되기를 바라는 자신의 모습인 '이상적 자기(ideal self)'와 현재 자신의 실제 모습에 대한 인식인 '현실적 자기(real self)'입니다. 되고 싶은 자신과 실제 자신의 모습, 즉 이상적 자기와 현실적 자기가 불일치하다고 느낄 때 청소년들은 부정적인 정서를 갖게 될 수 있습니다. 그러나 성경이 언급하는 인간 이해인 예수 그리스도 안에서 온전하게 되는 '구속적 자기(redemptive self)'에 대해 바르게 이해함으로써 청소년들은 자기에 대한 바른 개념을 형성하게 됩니다.

생활편 | 1단원

내면의 공간(나)

중심 구절

"그런즉 누구든지 그리스도 안에 있으면 새로운 피조물이라 이전 것은 지나갔으니 보라 새 것이 되었도다"(고후 5:17).

단원학습목표

예수 그리스도 안에서 온전히 구속된 존재로서의 자기 이해를 확고히 한다.

단원핵심정리

이상적 자기와 현실적 자기의 불일치를 확인하고, 그리스도 예수 안에서 구속된 자기에 대한 이해를 바탕으로 이를 극복함으로 건강하고 바른 자기 개념을 형성한다.

단원 소개

청소년기는 인생의 어느 시기보다 자기에 대한 인식과 평가가 활발하게 진행되며, 자기 개념의 내면화가 급속하게 이루어지는 시기입니다. 본 단원은 청소년들로 하여금 자신이 되고 싶은 이상적 자기와 실제 자신의 모습으로 인식하는 현실적 자기에 대해 생각해 봄으로 자신에 관해 어떻게 생각하고 느끼는지 확인하게 하는 데 그 목적이 있습니다. 그리고 예수 그리스도 안에서 구속된 그리스도인으로서 건강하고 바른 자기 개념을 형성하도록 하는 데 목적이 있습니다.

제 1과

되고 싶은 나 'Ideal Self'

학습 목표

자신이 되고 싶어 하는 이상적인 모습에 대해 점검한다.

중심 진리

사람은 누구나 되고 싶은 자신의 모습이 있으나, 그 모습이 성경의 기준과 일치 하는지 점검하고 자신의 목표와 희망을 수정해나가야 한다.

본문 말씀

창세기 1:26-31

Story of Life

내가 되고 싶은 나?
얼굴은 작고 갸름한 달걀형에,
얼굴색은 조금은 하얗게
보호본능을 일으켰으면 좋겠고.
팔뚝은 꼭 얇아야 하고,
종아리와 허벅지도 가늘고,
다리는 길어야 해.
머리는 길었으면 좋겠어.
찰랑찰랑 생머리도 좋고,
아니면 자연스러운
웨이브머리도
너무 사랑스러울 것 같고.
포용력과 친화력을 가진
성격이면 좋겠고.
말도 예쁘게 하고 항상 밝은
성격과 표정으로 부모님과
잘 지내면 좋겠고.
패션 감각도 뛰어나고,
친구들 사이에서도 인기가
있었으면 좋겠고.
성적도 잘 나왔으면 좋겠고.
참 많네.
아직도 다 말하려면
멀었는데….

Talk Talk about Life

*되고 싶은 내 모습은요….

나에게 있었으면 하는 능력은 무엇입니까?

내가 갖고 싶은 신체와 외모는?

내가 바라는 내 가족의 이상적인 모습은?

내가 갖고 싶은 성격은?

Standard of Life

*말씀탐구

(1) 하나님께서 사람을 만드셨을 때의 상태는 어떠했습니까?

창 1:26-31 "하나님이 이르시되 우리의 ______ 을 따라 우리의 ______ 대로 우리가 사람을 만들고… 하나님이 자기 형상 곧 ______ 대로 사람을 창조하시되 남자와 여자를 창조하시고 하나님이 그들에게 복을 주시며… 하나님이 지으신 그 모든 것을 보시니 보시기에 심히 ______ …"

* 하나님의 형상을 따라 창조된 사람은 하나님 보시기에 참 좋은 상태, 가장 이상적인 상태였습니다!

(2) 하나님의 형상대로 지음 받은 우리가 지니고 싶어 해야 할 성품은 무엇일까요?

갈 5:22-23 "오직 성령의 열매는 ______ 과
______ 과 ______ 과 ______ 과
______ 와 ______ 과 ______ 과
______ 와 ______ 니 이같은 것을 금지할 법이 없느니라"

* 하나님의 형상을 따라 창조된 사람이 지녀야 할 성품은 성령의 열매로 표현되는 예수 그리스도의 성품입니다!

(3) 하나님의 형상대로 지음 받은 우리는 무엇을 아름답게 가꾸려 해야 할까요?

딤전 2:9-10 "또 이와 같이 여자들도 단정하게 옷을 입으며 과 로써 자기를 단장하고 땋은 머리와 금이나 진주나 값진 옷으로 하지 말고 오직 으로 하기를 원하노라 이것이 하나님을 경외한다 하는 자들에게 마땅한 것이니라"

* 하나님의 형상을 따라 창조된 사람은 겉모양이 아니라 속사람을 아름답게 가꾸기 위해 노력해야 합니다!

Change of Life

*나는 ________ 사람이고 싶다!

□ 나는 예수님의 ________
성품을 닮아가는 사람이고 싶다!

□ 나는 ________ 을
아름답게 가꾸도록 노력하는 사람이고 싶다!

□ 나는 하나님의 형상대로 지음 받은 하나님의 자녀로서 하나님이 보시기에 참 좋다고 기뻐하시는 사람이고 싶다!

MEMO

Decision of Life

우리는 제각기 "이렇게 되고 싶어"하는 개인적인 생각을 가지고 있습니다. 이것을 '이상적 자기(ideal self)'라고 합니다. '이상적 자기(ideal self)'란 자신이 이상적으로 되기를 원하는 어떤 특성들과 관련된 것입니다. 자신에 대한 희망, 바람, 목표 등을 의미하지요. 성장하면서 부모님이나 선생님 또는 친구들로부터 받은 영향과 사회의 기준에 의해 우리의 희망과 목표는 만들어져갑니다. 내가 가지고 싶은 능력도, 외모와 신체도, 성격도, 인생의 목적도 사람들의 영향과 경험 속에서 만들어진 것입니다. 그런데 내가 되고 싶은 내 모습을 성경에 비추어 보았을 때 성경의 기준과도 일치하고 있나요? 성경 역시 그것이 이상적이니까 그것을 희망하고 목표 삼으라고 말씀하나요? 그렇지 않은 부분을 발견했다면 내가 가지고 싶고 되고 싶은 것들이 아니라 성경이 되라고 하는 사람이 되기 위해 나의 목표와 희망을 수정하는 우리가 되기로 해요! 하나님의 형상대로 지음 받은 하나님의 자녀로서 하나님이 보시기에 참 좋다고 기뻐하시는 우리가 되기로 해요!

제 2과

실제의 나 'Real Self'

학습 목표

현재 자신의 모습에 대해 어떻게 인식하고 있는지 점검한다.

중심 진리

되고 싶은 자신과 실제의 자신이 다를 수 있지만, 실제 자신의 모습을 있는 그대로 인정하고 수용하며 주님의 은혜를 소망해야 한다.

본문 말씀

로마서 7:18-24

Story of Life

내가 갖고 싶은 몸매는
누구나 휙 다시 돌아보게
만드는 멋지고 날씬한 몸매.
하지만 끓어오르는 식욕과
전쟁을 벌여야 하는 너무나도
건강한 내 몸매.
내가 원하는 얼굴은 V라인에
깨끗하고 맑은 피부.
하지만 내 얼굴은 여드름 빡빡한
턱선 없는 보름달.
자기관리에 철저한
내가 되고 싶지만,
시험기간에도 컴퓨터 앞에만
앉으면 시간가는 줄 모르고,
성적은 하향곡선을 그리고….
친구들 사이에 인기 있는
내가 되고 싶지만,
학급에서 내 존재감은
찾기 힘들고….
화목한 우리 가정의 모습을
꿈꾸지만, 오늘도 엄마와
신경전 중이고….
휴~~~.
되고 싶은 모습대로 될 수는
없는 걸까?

Talk Talk about Life

*되고 싶은 나 vs 실제의 나

(1) '현재의 나' 에 대해 생각해 봅시다.

주어진 항목에 대해 자신이 어느 정도라고 생각하십니까? 해당되는 숫자에 표시하고 선그래프를 그려 보세요.

	매우 부족 0	상당히 부족 1	약간 부족 2	보통 3	약간 우수 4	상당히 우수 5	매우 우수 6
외모							
체력							
성격							
자기조절							
학업수준							
교우관계							
가족관계							
리더십							

(2) '되고 싶은 나' 에 대해 생각해 봅시다. 주어진 항목에 대해 자신이 어느 정도의 모습이 되기를 원하십니까? 해당되는 숫자에 표시하고 선그래프를 그려 보세요.

(3) '되고 싶은 나' 와 '현재의 나' 사이에 일치 정도가 큰 항목은?

(4) '되고 싶은 나' 와 '현재의 나' 사이에 불일치 정도가 큰 항목은?

Standard of Life

*말씀탐구

(1) 성경은 만족할 수 없는 사람의 모습에 대해 어떻게 표현하고 있을까요?

전 5:10 "　　　　　　　　을 사랑하는 자는 은으로 만족하지 못하고 　　　　　　　　를 사랑하는 자는 소득으로 만족하지 아니하나니 이것도 헛되도다"

전 6:3 "사람이 비록 백 명의 　　　　　　　　를 낳고 또 　　　　　　　　하여 사는 날이 많을지라도 그의 영혼은 그러한 행복으로 만족하지 못하고…"

* 풍부함도, 장수함도 사람에게 만족을 주는 근원이 될 수 없습니다!

(2) 사도 바울의 고민은 무엇이었나요?

롬 7:19 "내가 원하는 바 　　　　　　　　은 행하지 아니하고 도리어 원하지 아니하는 바 　　　　　　　　을 행하는도다"

* 바울은 자신이 원하는 것은 행하지 않고 원하지 않는 것을 행하는 자신에 대해 고민하고 있습니다!

Change of Life

***실제의 나 껴안기**

예) 사랑합니다. 만족합니다. 긍정합니다. 칭찬합니다. 자랑스럽습니다. 신뢰합니다. 축복합니다. 소중히 여깁니다. 등

□ 나의 현재 외모를

□ 나의 현재 체력을

□ 나의 현재 성격을

□ 나의 현재 자기조절능력을

□ 나의 현재 학업수준을

□ 나의 현재 교우관계를

□ 나의 현재 가족관계를

Decision of Life

자신의 장 · 단점을 포함하여 성격이나 능력, 태도 등에 대해 실제 내 모습이라고 여기는 부분이 있습니다. 이것을 '현실적 자기(real self)' 라고 합니다. 그런데 되고 싶은 자신의 모습, 곧 '이상적 자기(ideal self)' 와 실제 내 모습이라고 생각되는 '현실적 자기(real self)' 는 일치하지 않는 경우가 많습니다. 그래서 우리는 때때로 낙담하게 되고 우울해지기도 합니다. 그렇다고 실제 내 모습과 이상적인 내 모습이 일치한다면 우리는 아주 행복할까요? 내 모습이 내가 바라는 이상적인 나와 일치한다고 해도 그 만족은 영원히 나를 행복하게 할 수는 없습니다. 죄인 된 속성이 남아있는 우리는 늘 더욱더 높은 이상과 기준을 세우고 그에 못 미치는 자신을 못마땅하게 여기며 우울해질 테니까요. 그렇기 때문에 지금의 나, 실제의 나(real self)를 있는 모습 그대로 인정하고 껴안는 우리가 되기로 해요. 바울처럼 실제 자신의 모습과 그 한계를 직면하고 인정하는 데에서 주님의 은혜를 소망하고 감사하게 되기 때문이에요.

제 3과

그리스도 안에서 구속된 나

'Redemptive Self'

학습 목표

예수 그리스도 안에서 온전히 구속된 존재로서의 자기를 이해한다.

중심 진리

그리스도인의 자기 개념은 그리스도 예수 안에서 구속된 자기에 대한 이해를 바탕으로 한다.

본문 말씀

고린도후서 5:17

Story of Life

클레어라는 여대생이 있었습니다. 이 세상의 기준으로 볼 때 클레어는 좋은 여건이라고는 거의 갖춘 것이 없었습니다. 평균 이하의 외모를 가진 클레어는 술주정뱅이 아버지로부터 버림받았습니다. 가족을 부양해야 하는 어머니는 두 군데서 허드렛일을 했고, 오빠는 집을 나가는 일이 잦았습니다. 처음 클레어를 만났을 때, 솔직히 남학생들이 거들떠보지도 않을 소녀처럼 보였습니다. 그런 그녀가 외면적 아름다움과 물질적 성공을 추구하는 우리 문화 속에서 어떻게 배척당하지 않고 지낼 수 있는지 의아했습니다. 놀랍게도 모든 학생이 클레어를 좋아하고 그녀와 함께 있는 것을 즐거워했습니다. 그녀에겐 친구가 많았고, 나중에는 그 학교의 같은 과에서 제일 멋진 청년과 결혼했습니다.

클레어의 성공비결이 궁금하세

요? 그녀는 그저, 하나님의 가르침대로 자신이 누구인지 받아들였고, 그녀의 인생을 향한 하나님의 원대한 계획을 믿고 받아들여 이웃을 사랑하고 그리스도 안에서 자라갔습니다. 그녀는 누구에게도 위협을 느끼게 하지 않았고, 오히려 반대로 긍정적이고 사람들을 돌보는 삶으로 모든 사람의 사랑을 받았습니다.

닐 앤더슨 & 데이브 파크,
《부정적인 자아상을 극복하기 위한) 내가 누구인지 이제 알았습니다》,
죠이선교회.

Talk Talk about Life

***나를 평가해왔던 기준들**

(1) 나를 평가하는 문장을 써볼까요?

- □ 나는 나의 큰 키가 매우 만족스러워요.
- □ 나는 나의 까무잡잡한 피부가 맘에 들지 않아요.
- □ 나는 나의
- □ 나는 나의
- □ 나는 나의
- □ 나는 나의

Standard of Life

*말씀탐구

⑴ 사람은 외적인 것으로 영원히 만족할 수 있을까요?

전 1:8 "모든 만물이 피곤하다는 것을 사람이 말로 다 말할 수는 없나니 ______ 은 보아도 족함이 없고 ______ 는 들어도 가득 차지 아니하도다"

* 사람의 만족은 보고 듣는 것, 즉 외적인 것에서 오는 것이 아닙니다.

⑵ 우리의 만족의 근원은 무엇입니까?

고후 5:17 "그런즉 누구든지 그리스도 안에 있으면 ______ 이라 이전 것은 지나갔으니 보라 ______ 이 되었도다"

롬 3:24 "그리스도 예수 안에 있는 ______ 으로 말미암아 하나님의 은혜로 값 없이 의롭다 하심을 얻은 자 되었느니라"

골 1:14 "그 아들 안에서 우리가 속량 곧 ______ 을 얻었도다"

* 우리가 만족하고 기뻐할 수 있는 근원은 그리스도 안에서 우리가 새로운 존재, 새로운 신분이 되었다는 복음에 있습니다! 그리스도 안에서 구속된 우리의 신분을 바로 아는 것이야말로 우리의 만족의 근원입니다!

Change of Life

*그리스도 안에서 구속된 나, 진정한 나를 찾았어요!

나는 누구인지 써볼까요?

□ 나는 ______ 이다!

요 1:12 "영접하는 자 곧 그 이름을 믿는 자들에게는 하나님의 자녀가 되는 권세를 주셨으니"

갈 4:6,7 "너희가 아들이므로 하나님이 그 아들의 영을 우리 마음 가운데 보내사 아빠 아버지라 부르게 하셨느니라 그러므로 네가 이 후로는 종이 아니요 아들이니 아들이면 하나님으로 말미암아 유업을 받을 자니라"

□ 나는 이다!

엡 2:10 "우리는 그가 만드신 바라 그리스도 예수 안에서 선한 일을 위하여 지으심을 받은 자니 이 일은 하나님이 전에 예비하사 우리로 그 가운데서 행하게 하려 하심이니라"

□ 나는 이다!

빌 4:13 "내게 능력 주시는 자 안에서 내가 모든 것을 할 수 있느니라"

□ 나는 이다!

고전 3:16 "너희는 너희가 하나님의 성전인 것과 하나님의 성령이 너희 안에 계시는 것을 알지 못하느냐"

고전 6:19 "너희 몸은 너희가 하나님께로부터 받은 바 너희 가운데 계신 성령의 전인 줄을 알지 못하느냐 너희는 너희 자신의 것이 아니라"

Decision of Life

우리가 그리스도인으로서 성장하고, 성취감을 누리며 생활하기 위해서는 내가 누구인가를 바로 이해해야 합니다. 그러기 위해서는 내가 되고 싶은 자신(ideal self)도, 실제의 내 모습(real self)도 바로 이해해야 할 필요가 있습니다. 하지만 그리스도 안에서 구속된 하나님의 자녀로서의 자신의 모습에 대해 깨달을 때에야 비로소 우리는 자신이 누구인지를 바로 알게 됩니다. "정당한 자아존중감은 재능이나 타고난 능력 또는 지식이나 외모에 의해 생길 수 있는 것이 아닙니다. 자신의 가치에 대한 자아 평가는 신분에 관한 문제입니다. 자아 가치에 대한 평가는 자신이 누구인지를 바르게 아는 데서부터 옵니다. 곧 자신이 예수 그리스도의 은혜로 구속된 하나님의 자녀라는 사실을 알 때입니다(Nill Anderson)." 자, 이제 나 자신이 누구인지 바로 알게 되었나요? 변함없는 하나님의 사랑을 입은 자녀로서 당당하고 자신 있게 살아가는 우리가 되기로 해요!

단원 주제

가정의 공간(가정)

단원 해설

가정은 청소년들이 성장하고 발달하는데 가장 친밀하고 영향력 있는 사회 환경입니다. 청소년들은 저마다 이상적인 가정의 모습을 그리며 성장해 갑니다. 그런 이상적인 가정상(像)에는 청소년 각자의 경험뿐 아니라 자신이 속해 있는 현재 가정에 대한 불만과 결핍이 반영되어 있기도 합니다. 그렇기 때문에 이상적으로 꿈꾸는 가정의 모습과 실제 가정의 모습은 다를 수가 있습니다. 청소년들로 하여금 여러 가지 문제와 상처를 가지고 있는 실제 자신의 가정을 있는 그대로 사랑하고 받아들이도록 돕는 일은 매우 중요하다고 할 수 있습니다. 나아가 그리스도 예수 안에서 구속된 가정에 대한 이해를 바탕으로 하나님이 가정을 창조하신 본래의 목적을 깨닫고, 우리 가정을 향한 하나님의 뜻을 바로 이루어가기를 힘쓰는 청소년이 되도록 인도해야 하겠습니다.

중심 구절

"그리스도를 경외함으로 피차 복종하라"(엡 5:21).

단원학습목표

그리스도 예수 안에서 구속된 가정에 대한 이해를 바탕으로 하나님의 창조하신 본래의 목적을 이루는 가정생활을 알 수 있다.

생활편 | 2단원 가정의 공간(가정)

단원핵심정리

자신이 꿈꾸는 이상적인 가정의 모습과 실제 가정의 모습이 어떤 부분에서 차이가 있는지 확인하고, 그리스도 예수 안에서 구속된 가정에 대한 이해를 바탕으로 하나님이 창조하신 본래의 목적을 이루는 가정생활을 위해 노력한다.

단원 소개

본 단원은 청소년들로 하여금 자신이 꿈꾸는 이상적인 가정의 모습을 점검하고, 성경에서 찾아볼 수 있는 아름다운 가정의 모습에 비추어 이상적 가정을 만들기 위해 청소년 자신이 기울여야 할 노력이 무엇인지 발견하도록 하는 데 목적이 있습니다. 그리고 현재 자신의 가정에 대해 어떻게 인식하고 있는지 점검해 보고, 청소년들이 자신의 가정의 실제 모습을 있는 그대로 직시하고, 수용하며, 나아가 자신의 가정을 통해 하나님께서 일하실 것을 기대하도록 합니다. 또한 하나님께서 가정을 창조하실 때 의도하셨던 본래의 목적이 무엇인지를 깨닫고, 우리 가정을 향한 하나님의 뜻을 바로 이루어가기를 힘쓰는 청소년이 되도록 하는 데 목적이 있습니다.

제 4과

내가 꿈꾸는 가정

학습 목표

자신이 꿈꾸는 이상적인 가정의 모습에 대해 점검한다.

중심 진리

이상적인 가정의 모습을 꿈꾸는 데 그치는 것이 아니라 자신이 할 수 있는 노력을 다함으로써 아름다운 가정을 만들어 나가야 한다.

본문 말씀

사도행전 10:1-2

Story of Life

친구 집에 놀러갔다 함께
예배를 드리게 되었습니다.
매일 가정예배를 드린다고
하면서 함께 하기를 원하기에….
"사철에 봄바람 불어 잇고 하나
님 아버지 모셨으니…
우리 집 즐거운 동산이라…
고마워라 임마누엘 복되고 즐거
운 하루하루…"
찬양을 부르는데,
나도 모르게 볼을 타고 눈물이
흘러내렸습니다.
부모님과 자녀들이 둘러앉아 찬
양하고 기도하며 아버지가 성경
말씀을 읽고 설명해주는 모습이
부럽기 그지없었기 때문입니다.
언제부턴지 기억도 가물가물한
아주 오래전부터 내가 그렇게도
소원하고 기도하던 가정의 모습
이 내 눈앞에 있었습니다.
언제쯤이나 되어야 내 기도는
이루어질까요?
언제쯤이나 되어야 우리 집도
화목하게 가정예배를 드리며
기뻐할 수 있을까요?

Talk Talk about Life

***내가 바라는 우리 가정은요….**

우리 가정에 있었으면 하고 바라는 것은 무엇입니까?
☑ 표시해 봅시다.

□ 가족에 대한 책임감과 헌신

□ 활발한 애정표현

□ 함께 시간을 보냄

□ 즐거운 대화

□ 함께하는 신앙생활

□ 갈등을 극복하는 능력

□ 기타

Standard of Life

*말씀탐구

(1) 성경에서 찾아볼 수 있는 아름다운 가정의 모습은?

행 10:1-2 "가이사랴에 고넬료라 하는 사람이 있으니 이달리야 부대라 하는 군대의 백부장이라 그가 경건하여 온 집안과 더불어 　　　　을 　　　　하며 백성을 많이 구제하고 하나님께 항상 기도하더니"

* 온 가족이 하나님을 경외하는 것이야말로 아름다운 가정의 모습입니다!

잠 31:27 "자기의 집안 일을 보살피고 게을리 얻은 양식을 먹지 아니하나니"

* 부지런히 일하여 소득을 얻고 집안을 돌보는 것이 아름다운 가정의 모습입니다!

시 133:1 "보라 형제가 　　　　하여 동거함이 어찌 그리 선하고 아름다운고"

* 형제가 다투지 않고 연합하는 생활을 하는 것이 아름다운 가정의 모습입니다!

창 50:17-21 "너희는 이같이 요셉에게 이르라 네 형들이 네게 악을 행하였을지라도 이제 바라건대 그들의 허물과 죄를 　　　　하라 하셨나니 당신 아버지의 하나님의 종들인 우리 죄를 이제 　　　　하소서 하매 요셉이 그들이 그에게 하는 말을 들을 때에 울었더라 … 요셉이 그들에게 이르되 … 당신들은 나를 해하려 하였으나 하나님은 그것을 선으로 바꾸사 오늘과 같이 많은 백성의 생명을 구원하게 하시려 하셨나니 당신들은 두려워하지 마소서 내가 당신들과 당신들의 자녀를 기르리이다 하고 그들을 간곡한 말로 　　　　하였더라"

* 가족의 잘못을 용서하는 것이 아름다운 가정의 모습입니다!

Change of Life

*아름다운 우리 가정을 만들기 위해 내가 할 수 있는 일!

□ 나는 위해 노력하겠습니다!

□ 나는 위해 노력하겠습니다!

□ 나는 위해 노력하겠습니다!

□ 나는 위해 노력하겠습니다!

□ 나는 위해 노력하겠습니다!

Decision of Life

사람마다 행복하고 이상적인 가정을 꿈꿉니다. 즐거운 대화와 사랑이 넘치고 서로에게 헌신하며 갈등에 성공적으로 대처하는 등 이상적인 가정에 대한 그림은 참으로 아름답습니다. 그렇기 때문에 우리 가정의 부족한 부분이 더 크게 부각되기도 합니다. 또, 우리 가정에 이런 저런 요소가 더 필요하다는 생각에 안타까움이 더 커지기도 합니다. 그러나 여러분, 한숨짓는 자리에 머물러 있지 맙시다! 내가 원하는 이상적이고 아름다운 가정이 되도록 하기 위해 나 자신이 할 수 있는 일이 무엇인지 생각해보기로 합시다! 온 가족이 함께 하나님을 경외하는 아름다운 가정을 만들기 위해 나 자신이 먼저 하나님을 더욱 사랑하기로 합시다! 형제와 다투지 않고 화목하며, 내가 먼저 형제를 용서하도록 합시다! 부모님이나 다른 형제자매들이 해주었으면 하는 일이 아닌, 가정의 구성원으로서 '내'가 할 수 있는 일을 실천하도록 합시다!

제 5과

실제 우리가정

학습 목표

현재 자신의 가정에 대해 어떻게 인식하고 있는지 점검한다.

중심 진리

이상적으로 꿈꾸는 가정의 모습과 실제 가정의 모습은 다를 수 있으나, 실제 자신의 가정을 있는 그대로 사랑하고 받아들일 수 있어야 한다.

본문 말씀

창세기 27:41-46

Story of Life

아빠하곤 말이 안 통해서
대화 안 한 지 오래고…,
사업 실패 후 부모님 사이도
찬바람만 쌩쌩 불고…,
은근히 엄마는 아빠를
원망하시고…,
오빠는 언제부턴지
며칠씩 집을 나갔다
들어오기 일쑤고…,
겨우 네 명인 우리 가족은
모래알처럼 따로따로 겉돌고…,
아…, 집에 들어가기 참 싫네요
(예수님을 믿는다고 하면서
이런 생각하는 게 죄송하지만).
우리 가정은 어쩌다
이 모양이 되었을까요?
어떡해야 부모님과 오빠도
예수님을 믿고,
우리 가정에도
따스한 봄이 올까요?

Talk Talk about Life

***우리 가정 이런 모습, 지우고 싶어요!**

□ 부모님의 　　　　　　　　　　　　　　　　　　　모습, 지우고 싶어요!

□ 부모님과의 관계에서 　　　　　　　　　　　　　　모습, 지우고 싶어요!

□ 형제자매 관계에서 　　　　　　　　　　　　　　　모습, 지우고 싶어요!

□ 우리 가정의 　　　　　　　　　　　　　　　　　　모습, 지우고 싶어요!

***내가 꿈꾸는 가정 vs 실제 우리 가정**

(1) 실제 우리 가정에 대해 생각해 봅시다.

주어진 항목에 대해 자신의 가정이 어느 정도라고 생각하십니까? 해당되는 숫자에 표시하고 선그래프를 그려 보세요.

	매우 부족 0	상당히 부족 1	약간 부족 2	보통 3	약간 우수 4	상당히 우수 5	매우 우수 6
대화							
경제력							
역할충실							
신앙생활							
갈등대처							
배려/존중							
감사/사랑							
시간공유							

(2) 내가 꿈꾸는 가정에 대해 생각해 봅시다.

주어진 항목에 대해 자신의 가정이 어느정도의 모습이 되기를 원하십니까? 해당되는 숫자에 표시하고 선 그래프를 그려 보세요.

(3) 꿈꾸는 가정과 실제 자신의 가정 사이에 일치 정도가 큰 항목은?

(　　　　　　　　), (　　　　　　　　), (　　　　　　　　)

(4) 꿈꾸는 가정과 실제 자신의 가정 사이에 불일치 정도가 큰 항목은?

(　　　　　　　　), (　　　　　　　　), (　　　　　　　　)

Standard of Life

*말씀탐구

(1) 창세기 27장에 나타난 이삭의 가정에서 찾아볼 수 있는 결점들에는 무엇이 있을까요?

창 27:1-10 "이삭이 나이가 많아 눈이 어두워 잘 보지 못하더니 맏아들 에서를 불러 이르되… 내가 즐기는 별미를 만들어 내게로 가져와서 먹게 하여 내가 죽기 전에 내 마음껏 네게 축복하게 하라… 리브가가 그의 아들 야곱에게 말하여 이르되… 네가 그것을 네 아버지께 가져다 드려서 그가 죽기 전에 네게 축복하기 위하여 잡수시게 하라" * 편애

창 27:19 "야곱이 아버지에게 대답하되 나는 아버지의 　　　　　　에서로소이다 아버지께서 내게 명하신 대로 내가 하였사오니 원하건대 일어나 앉아서 내가 사냥한 고기를 잡수시고 아버지 마음껏 내게 축복하소서"

창 27:35-36 "이삭이 이르되 네 아우가 와서 　　　　　　 네 복을 빼앗았도다 에서가 이르되 그의 이름을 야곱이라 함이 합당하지 아니하니이까 그가 나를 속임이 이것이 두 번째니이다 전에는 나의 　　　　　　의 명분을 빼앗고 이제는 내 　　　　　　을 빼앗았나이다…" * 속임

창 27:41 "그의 아버지가 야곱에게 축복한 그 축복으로 말미암아 에서가 야곱을 미워하여 심중에 이르기를 아버지를 곡할 때가 가까웠은즉 내가 내 아우 야곱을 죽이리라 하였더니" * 형제간 대립

Change of Life

*우리 가정 껴안기

□ 나는 부모님의
모습을 더욱 사랑하고 싶어요!

□ 나는 부모님과의 관계에서
부분을 더욱 힘쓰고 싶어요!

□ 나는 형제자매 관계에서
부분을 더욱 힘쓰고 싶어요!

□ 나는 우리 가정의
모습을 더욱 향상시키고 싶어요!

Decision of Life

웃음이 끊이지 않는 화목한 가정, 행복한 가정을 우리는 꿈꿉니다. 그러나 믿음의 족장 이삭의 가정처럼 우리의 가정에도 끊임없이 문제와 갈등, 상처와 아픔이 생겨납니다. 각각 에서와 야곱을 편애한 아버지 이삭과 어머니 리브가, 아버지와 형님을 속인 야곱, 분노로 인해 동생을 죽이고자 했던 에서의 모습이 우리의 가정에도 있습니다. 그렇기 때문에 우리는 우리의 소망을 하나님께 둘 수밖에 없습니다. 하나님은 문제 많은 이삭의 가정을 통해 하나님의 구원의 계획을 선하신 뜻대로 이루어 가셨습니다. 여러 가지 문제와 상처를 가지고 있는 우리 가정도 하나님의 선하신 계획과 목적을 이루는 도구로 사용될 수 있는 것입니다. 그러므로 현재 우리 가정의 모습을 있는 그대로 인정하고 하나님께서 우리 가정을 회복시키셔서 하나님의 선하신 뜻과 사명을 이루는 가정으로 사용하여 주시기를 기대해야 하겠습니다!

제 6과

그리스도 안에서 구속된 가정

학습 목표

예수 그리스도 안에서 구속된 가정의 모습에 대해 이해한다.

중심 진리

그리스도 예수 안에서 구속된 가정에 대해 바로 이해할 때 하나님이 창조하신 본래의 목적을 이루는 가정생활을 할 수 있다.

본문 말씀

에베소서 5:21-6:4

Story of Life

아버지가 악성 종양으로 진단을 받고 입원하셨다는 소식을 들었다. 아버지는 사람들에게 한 번도 감정이라는 것을 드러낸 적이 없는 냉정하고 쌀쌀맞은 분이다. 엄격한 독일식 훈육방식으로 나를 기른 아버지와의 관계에는 해결이 안 된 숙제들이 쌓여있다.

회복 가능성 없이 병원침대에 누워계신 야윈 아버지를 향해 다가섰다. 진심을 다해 아버지를 향해 "사랑합니다, 아버지"라고 말하며 몸을 구부려 팔을 뻗어 아버지를 꼭 안아드렸다. 막대기처럼 굳어버린 아버지. 마치 내 사랑을 거절하는 것처럼 느껴져 화가 나도록 슬펐다.

하지만 평생에 걸쳐 형성된 습관이 일순간에 돌변할 수는 없다는 것을 생각하고 나는 아버지를 향한 사랑을 드러내 보여줄 결심을 더욱 든든히 했다. 그리고 아버지께도 포옹하는 방법을 가르치기 시작했다. "자, 아버지, 팔로 저를 꼭 안아보세요. 바로 그거예요. 자, 다시 한 번. 장말 잘하셨어요!" 매일매일 나는 아버지의 침대로 갔고, 매일매일 아버지를 안아드렸다. 아버지의 경직성이 무너지기까지는 한 달이 걸렸다. 거의 이백 번째 포옹을 했을 무렵, 아버지는 처음으로 "사랑한다"는 말을 하셨다. 그 말을 영원히 잊지 못할 것이다. 아버지는 4년 이상 아름답고 행복한 시간을 더 누리실 수 있었다. 그리고 그 4년의 기간은 내 인생을 완전히 바꾸어 놓았다.

– Harold H. Bloomfield, 《Making Peace with Your Parents》

Talk Talk about Life

***우리 가정에 있다! 없다!**

우리 가정에 있어야 했는데 없었던 것	우리 가정에 없어야 했는데 있었던 것
□ 사랑받는 느낌	□ 상실감
□ 인정받는 느낌(칭찬)	□ 슬픔
□ 끈끈한 가족관계	□ 지나친 기대
□ 용납해줌(받아들임)	□ 학대
□	□
□	□
□	□
□	□

Standard of Life

*말씀탐구

(1) 하나님께서 세우신 첫 가정의 모습은 어떠했나요?

창 2:18 "여호와 하나님이 이르시되 사람이 혼자 사는 것이 좋지 아니하니 내가 그를 위하여 ______ 을 지으리라 하시니라"

* 하나님은 동등하고 서로 보완하는 아름다운 남녀관계를 바탕으로 가정을 만드셨습니다!

(2) 범죄한 후 가정의 질서는 어떻게 변하고 말았나요?

창 3:16 "또 여자에게 이르시되 내가 네게 임신하는 고통을 크게 더하리니 네가 수고하고 자식을 낳을 것이며 너는 남편을 ______ 남편은 너를 ______ 것이니라 하시고"

* 원래의 창조질서에 나타난 부부간의 친밀하고 동등하며 상호 의존하는 모습은 서로 분리되고 서로 주도권을 잡으려는 욕심으로 얼룩져 역기능적인 가정으로 변하고 말았습니다!

(3) 그리스도 안에서 회복되어진 가정의 질서는 어떤 모습일까요?

엡 5:21 "그리스도를 경외함으로 ______ 하라"

* 그리스도를 경외함으로 서로를 향해 순종하려 노력하는 것은 그리스도 안에서 회복되어진 가족관계의 새 질서입니다!

〈구체적으로〉

엡 5:22 "아내들이여 자기 남편에게 ______ 를 주께 하듯 하라"

엡 5:25 "남편들아 아내 ______ 를 그리스도께서 교회를 사랑하시고 그 교회를 위하여 자신을 주심 같이 하라"

엡 6:1 "자녀들아 주 안에서 너희 부모에게 ______ 이것이 옳으니라"

엡 6:4 "아비들아 너희 자녀를 노엽게 하지 말고 오직 주의 교훈과 훈계로 ______ "

Change of Life

*그리스도 안에 있는 우리 가정

우리 가정에 부족했는데 좋아진 것	우리 가정에 있었으나 회복된 것
□ 사랑받는 느낌	□ 상실감
□ 인정받는 느낌(칭찬)	□ 슬픔
□ 끈끈한 가족관계	□ 지나친 기대
□ 용납해줌(받아들임)	□ 학대
□	□
□	□

Decision of Life

하나님은 동등하고 서로 보완하는 아름다운 남녀관계를 바탕으로 가정을 만드셨습니다. 그러나 원래의 창조질서에 나타난 부부간의 친밀하고 동등하며 상호 의존하는 모습은 서로 분리되고 자신이 주도권을 잡으려는 욕심으로 얼룩져 본래의 모습을 잃어버리게 되고 말았습니다. 우리들의 가정에도 (정도의 차이는 있지만) 사랑하지 못해서 또 서로 용납하지 못해서, 그리고 때로는 상대방을 억압하고 학대하게 됨으로써 하나님이 원래 계획하셨던 가정의 모습에 멀어진 부분들이 있습니다. 그래도 소망이 있는 것은 우리를 구원하신 예수님이 계시기 때문입니다. 십자가에서 흘리신 피로 이루신 예수 그리스도의 구원은 개인뿐 아니라 우리의 가정을 회복시키시기 때문입니다. 이제 우리는 그리스도를 경외함으로 서로를 향해 순종하려 노력함으로써 그리스도 안에서 회복되어진 가족관계의 새 질서를 세워나가야 합니다. 우리는 가정에서 서로에게 복종하며, 서로를 섬기고, 서로에게 헌신하는 사랑을 실천해 나가야 하겠습니다!

단원 주제
생활의 공간(학교)

단원 해설
가장 많은 시간을 학교에서 보내는 청소년들인 만큼 자신의 생활공간인 학교에 대해 나름대로 바라고 원하는 학교의 모습이 있습니다. 그러나 자신이 원하는 학교생활과 실제의 학교생활은 여러 부분에서 다를 수밖에 없고, 실제 학교생활 속에서 갈등하고 힘들어하는 부분이 있을 것입니다. 그렇기 때문에 실제의 학교와 학교생활에서 경험하고 있는 여러 어려움에 대해 공감하고, 학교생활의 개선을 위해 노력해나가는 청소년이 되도록 지도해야 할 필요가 있습니다. 그뿐 아니라 그리스도 예수 안에서 학교생활 하는 바른 목적과 태도에 대해 이해하도록 함으로써 그리스도 예수의 구속을 받은 우리 청소년들이 어떤 목적과 태도를 가지고 학업에 임해야 하는 것인지를 깨닫고 학교생활 속에서도 주님과 동행하면서 하나님의 뜻을 바로 이루어가는 청소년이 되도록 인도해야 합니다.

중심 구절
"너희는 이 세대를 본받지 말고 오직 마음을 새롭게 함으로 변화를 받아 하나님의 선하시고 기뻐하시고 온전하신 뜻이 무엇인지 분별하도록 하라"(롬 12:2).

단원학습목표
그리스도인으로서 학교생활을 하는 바른 목적과 자세를 가지고 학교생활 속에서 주님과 동행하면서 하나님의 뜻을 바로 이루어가는 청소년이 된다.

생활편 | 3단원

생활의 공간(학교)

단원핵심정리

자신이 원하는 학교생활과 실제의 학교생활은 여러 부분에서 다를 수밖에 없으나, 그리스도 예수 안에서 학교생활 하는 바른 목적과 태도에 대해 이해하고 학교생활 속에서 하나님의 뜻을 이루어가는 청소년이 된다.

단원 소개

본 단원은 청소년들이 제각기 꿈꾸는 이상적인 학교의 모습을 점검해 보도록 하고, 자신이 할 수 있는 노력을 다함으로써 아름다운 학교를 만들어 나가도록 하는 데 목적이 있습니다. 또한 현재 자신이 다니고 있는 학교에 대해 어떻게 인식하고 있는지 점검해보고, 청소년들이 학교생활 속에서 갈등하고 힘들어하는 부분에 대해 들여다보며, 하나님의 빛 된 자녀로서 무엇을 하여 우리 학교를 밝힐 수 있을지 생각해보는 기회를 갖도록 합니다.

마지막으로 그리스도인으로서 학교생활을 하는 바른 목적과 자세에 대해 깨닫고 학교생활 속에서도 하나님의 뜻을 이루어가는 청소년이 되도록 하는 데 목적이 있습니다.

제 7과

내가 꿈꾸는 학교

학습 목표

자신이 꿈꾸는 이상적인 학교의 모습에 대해 점검한다.

중심 진리

이상적인 학교의 모습을 꿈꾸는 데 그치는 것이 아니라 자신이 할 수 있는 노력을 다함으로써 아름다운 학교를 만들어 나가야 한다.

본문 말씀

누가복음 2:41-52

Story of Life

아름다운학교운동은 이 시대의 교육위기를 극복하고, 우리 아이들이 즐겁게 다니고 싶고 머물고 싶으며, 행복하게 공부할 수 있도록 학교를 만남과 생활, 환경 모두를 아름다운 학습 공간으로 만들고자 하는 아름다운 자기 변화 운동입니다. 아름다운학교운동을 통해 우리 모두는 우리 학교를 새롭게 하고, 우리 아이들에게 미래의 꿈과 희망을 불어 넣어줘야 합니다.

이 속에서 우리 아이들이 주체적인 삶의 주인으로 자라나고, 자신의 영혼이 타인과 자연 그리고 우주만물과 소중히 이어져 있음을 깨달아야 합니다. 학교와 지역사회는 모든 아이를 진정으로 사랑하고 존중하는 가운데 배움과 가르침, 나눔의 소중함을 깨달아야 합니다.

아름다운학교의 정의를 한 마디로 내릴 수 없습니다. 다만, 우리 학교가 행복한 삶의 공간, 생태

공간, 학습 공간, 모두가 균형과 조화된 아름다운 모습으로 가기 위한, 학교와 지역사회 구성원들의 아름다운 변화, 그 속에서 꿈과 희망을 가지고 자라나는 아이들, 그리고 학교마다 아름다운 빛깔을 내기 위해 학교와 지역사회 구성원이 함께 노력하고, 독특한 전통과 문화가 스며든 행복한 학습공동체를 이루고 있는 모습들, 그런 이미지가 떠오르는 그런 학교는 아름답다 말할 수 있습니다.

아이들의 행복한 삶터인 아름다운학교, 그 곳에서 펼쳐지는 아름다운 교육은 지적 창조적 능력을 온전히 하고, 이를 올바르게 쓸 수 있는 어진 마음과 몸을 기르는 것이며, 내면의 지혜가 충만할 수 있게 끊임없이 수련하는 것입니다. 또한 봉사와 헌신의 의미를 충분히 깨닫게 하여 스스로 더불어 나누는 삶의 소중함을 실천하게 하는 것입니다.

(중략)

아름다운학교운동은 나부터, 지금부터, 작은 것부터 실천해야 합니다. 우리 아이들이 아름다운 학교에서 아름다운 자신으로 자라날 수 있게, 우리 모두 아름다운학교운동에 함께 참여합시다.

(아름다운학교 만들기 운동본부, 인사말 중에서)

Talk Talk about Life

***우리 학교에 있었으면…**

즐겁고 행복한 학교가 되기 위해 우리 학교에 있었으면 하고 바라는 것은 무엇입니까? ☑ 표시해 봅시다.

- □ 21세기 정보화 사회에 대비한 멀티미디어교실
- □ 이동식 수업을 할 수 있도록 넓게 만든 복도와 교과별로 주어진 교실
- □ 샤워실과 탈의실이 있는 실내체육관
- □ 생태공원과 텃밭
- □ 충분한 점심시간과 영양만점 식사
- □ 사랑과 존중
- □ 바른 가르침과 겸손하고 진지한 배움
- □ 과목
- □ 기타

Standard of Life

*말씀탐구

(1) 우리의 학교에 있어야 할 아름다운 모습 한 가지는?

눅 2:46 "사흘 후에 성전에서 만난즉 그(예수)가 선생들 중에 앉으사 그들에게 듣기도 하시며 묻기도 하시니"

* 우리가 많은 시간을 보내는 생활공간인 학교에는 열띤 학습의 모습이 있어야 합니다! 열두 살의 어린 주님 역시 선생들로부터 듣고, 묻고, 배웠습니다!

(2) 우리의 학교에 있어야 할 아름다운 모습 또 한 가지는?

단 2:17-18 "이에 다니엘이 자기 집으로 돌아가서 그 하나냐와 미사엘과 아사랴에게 그 일을 알리고 하늘에 계신 하나님이 이 은밀한 일에 대하여 불쌍히 여기사 다니엘과   들이 바벨론의 다른 지혜자들과 함께 죽임을 당하지 않게 하시기를 그들로 하여금 구하게 하니라"

* 우리가 많은 시간을 보내는 생활공간인 학교에는 인생을 함께 할 진정한 우정을 나누는 친구와의 사귐의 모습이 있어야 합니다!

Change of Life

*학교가 준 선물!

학교가 나에게 준 선물, 학교에서 내가 얻은 것은 무엇입니까?
☑ 표시해봅시다.

□ 즐거운 추억들(수학여행, 소풍, 체육대회, 축제 등)

□ 다양한 지식들

□ 세상을 살아갈 지혜들

□ 질서나 양보와 같은 미덕들

□ 우정을 나줄 수 있는 친구들

□ 인생의 방향을 찾게 해주신 선생님

□ 기타

*더욱 즐겁고 행복한 우리 학교를 만들기 위해 내가 힘쓸 수 있는 일!

□ 더욱 깨끗한 학교를 만들기 위해 나는
할 수 있습니다!

□ 더욱 즐거운 학교를 만들기 위해 나는
할 수 있습니다!

□ 더욱 행복한 학교를 만들기 위해 나는
할 수 있습니다!

□ 더욱 안전한 학교를 만들기 위해 나는
할 수 있습니다!

□ 더욱 신나는 학교를 만들기 위해 나는
할 수 있습니다!

Decision of Life

우리는 바랍니다. 즐겁게 다니고 싶은 학교, 행복하게 머물고 싶은 학교, 신나게 공부할 수 있는 학교를. 이런 선생님이 있다면, 이런 친구가 있다면, 이런 교과목이 있다면, 이런 시설이 있다면 보다 더 행복하고 아름다운 학교가 될 거라고 생각해보곤 합니다. 그런데 이미 우리는 학교로부터 많은 선물을 받고 있다는 사실을 알고 있나요? 무엇과도 바꿀 수 없는 수많은 추억들, 인생의 방향을 찾도록 도움을 주는 친구들과 선생님들, 기본적으로 이 세상을 살아가는 데 필요한 지식과 지혜와 미덕들을 우리는 학교에서 얻고 있습니다. 어쩌면 우리는 학교로부터 얻을 수 있는 좋은 혜택들을 간과하고 있는 게 아닐까요? 우리에게 생활과 배움의 공간으로 학교를 허락하셨음에 감사하는 마음을 가져야겠습니다. 그리고 우리도 예수님처럼 열심히 선생님께 듣고 묻고 배우며 성장해가기에 더욱 힘쓰는 우리가 되어야겠습니다. 다니엘과 세 친구처럼 친구들과 더불어 진정한 우정을 나누며 깊은 사귐을 갖는 가운데 바른 인생의 길을 계획해 나가야 하겠습니다. 더 깨끗하고 즐겁고 행복하고 안전하고 신나는 학교를 만들기 위해 내가 실천할 수 있는 일을 찾아 실천해 나가는 우리가 되어야겠습니다.

제 8과

학교, 우리들의 자화상

학습 목표

현재 자신의 학교와 학교생활에 대해 어떻게 인식하고 있는지 점검한다.

중심 진리

자신이 원하는 학교생활과 실제의 학교생활은 여러 부분에서 다를 수밖에 없으나, 실제의 학교와 학교생활을 직면하고 수용하며 개선의 노력을 기울일 수 있어야 한다.

본문 말씀

잠언 1:10–19

Story of Life

"2010년 청소년폭력예방재단의 설문조사를 따르면 학교폭력의 피해 경험이 있다고 밝히는 아이들이 20~25%(140~180만 명) 정도이다. 이 중에서 14%(20~25만 명)의 아이들이 자살 충동을 경험했다."

[학교폭력 실태 전수조사 결과]

"'일진 있다' 82%…
'고위험군' 관리키로 …
우울증에 시달려
자살하려고 했어요…라고 적은 학생이 있다"고 말했다.
"성폭행까지…"
도 넘은 10대들의 학교폭력
"청소년 흡연,
우리들의 슬픈 자화상"
"맞짱카페 적발,
'000 00반 홍길동'
왕따카페까지 충격"
"대구에서 여중생, 교사 폭행
'얼굴 허벅지 수 십 차례 때려'"
"학생 체벌 교사,
학부모가 폭행…맞고소 사태"

[학교 관련 기사 참고]

Talk Talk about Life

* '학교' 에 대한 나의 뇌구조

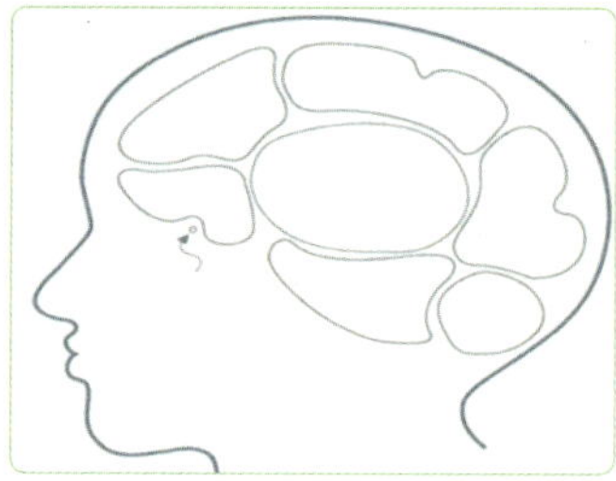

'학교' 하면 어떤 것들이 떠오르나요? 학교와 관련하여 청소년들의 머릿속을 들여다보는 시간을 가져봅니다. 긍정적인 것과 부정적인 것을 가리지 않고 기록하도록 함으로 현재 학교와 학교생활에 대한 청소년의 인식을 확인하는 기회가 될 것입니다.

*우리 학교에서 지워버려야 할 모습들!

청소년들로 하여금 위의 신문기사들의 예처럼 실제 학교생활에서 자신의 경험과 관련하여 지워버려야 할 모습들이 무엇인지 점검하는 시간을 갖도록 합니다. 지우고 싶은 학교생활의 모습에는 어떤 것들이 있는지 확인해 보면서 청소년들이 학교생활 속에서 갈등하고 힘들어 하는 부분에 대해 들여다보는 기회가 될 것입니다.

Standard of Life

*말씀탐구

(1) 학교생활에서 우리가 하지 말아야 할 행동은 무엇입니까?

잠 1:10-19 "내 아들아 악한 자가 너를 꾈지라도 따르지 말라 그들이 네게 말하기를 우리와 　　　　　　　　 가자 우리가 가만히 엎드렸다가 사람의 　　　　　　 를 흘리자 죄 없는 자를 까닭 없이 숨어 기다리다가 스올 같이 그들을 산 채로 삼키며 무덤에 내려가는 자들 같이 통으로 삼키자 … 내 아들아 그들과 　　　　　　　　 길에 다니지 말라 네 발을 금하여 그 길을 밟지 말라 대저 그 발은 　　　　　　　　 으로 달려가며 피를 흘리는 데 빠름이니라 … 그들이 가만히 엎드림은 자기의 피를 흘릴 뿐이요 숨어 기다림은 자기의 생명을 해할 뿐이니 이익을 탐하는 모든 자의 길은 다 이러하여 자기의 생명을 잃게 하느니라"

* 유혹을 받아 바른 규범을 떠나 잘못된 길로 가서 파당을 만들어(무리를 지어) 죄 없는 친구를 괴롭히는 행동을 해서는 안 됩니다!

잠 3:29-31 "네 이웃이 네 곁에서 평안히 살거든 그를 해하려고 꾀하지 말며 사람이 네게 악을 행하지 아니하였거든 까닭 없이 더불어 　　　　　　　　 말며 　　　　　　　　 자를 부러워하지 말며 그의 어떤 행위도 따르지 말라"

* 친구와 다투지 말고 포학한 친구의 행위를 부러워하며 본받아서는 안 됩니다!

Change of Life

*우리 학교 밝히기

□ 왕따 없는 학교를 만들기 위해 나는

□ 폭력 없는 학교를 만들기 위해 나는

□ 흡연 없는 학교를 만들기 위해 나는

□ 자살 없는 학교를 만들기 위해 나는

□ 없는 학교를 만들기 위해 나는

□ 없는 학교를 만들기 위해 나는

하여 학교를 밝히겠습니다.

Decision of Life

언제부턴가 학교와 관련된 기사는 폭력, 일진, 왕따, 자살 등과 같은 어둡고 무겁고 가슴 아픈 단어들로 얼룩져 있음을 보게 됩니다. 심지어 '학교'로 검색어를 치면, 관련 검색어로 '학교폭력'이 가장 먼저 뜨는 현실입니다. 여러분의 머리에는 어떤 단어들이 떠오르나요? '학교'의 사전적 의미는 "일정한 목적, 설비, 제도 및 법규에 의거하여, 교사가 계속적으로 학생에게 교육을 실시하는 기관"입니다. 그리고 학교에서 실시하는 '교육'이란 "사회생활에 필요한 지식이나 기술 및 바람직한 인성과 체력을 갖도록 가르치는 조직적이고 체계적인 활동"을 의미합니다. 이처럼 바람직한 방향으로 학생을 가르치는 활동을 실시하는 기관인 학교와 위의 여러 단어들은 얼마나 어울리지 않는 것입니까? 하지만 탄식하며 안타까워만 한다고 달라질 것은 아무것도 없습니다. 무엇보다 우리는 무리를 지어 죄 없는 친구를 괴롭히는 행동을 해서는 안 되겠습니다. 또 친구와 다투지 말고 포학한 친구의 행위를 부러워하며 본받아서도 안 되겠습니다. 하나님의 빛 된 자녀로서 무엇을 하여 우리 학교를 밝힐 수 있을지 생각하고 실천하는 우리가 되어야겠습니다.

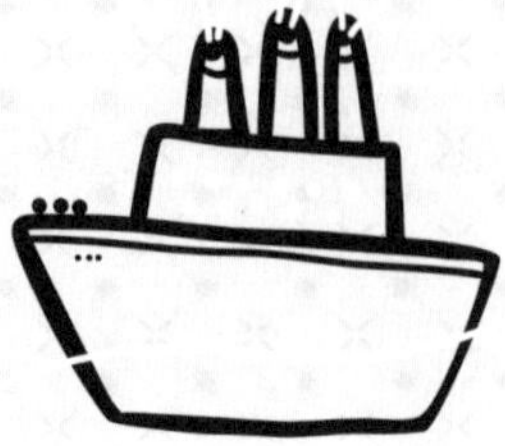

제 9과

그리스도 안에서 나의 학교생활

학습 목표

그리스도 예수 안에서 학교생활 하는 바른 목적과 태도에 대해 이해한다.

중심 진리

학교생활 하는 목적과 태도에 대해 바로 이해할 때 학교생활 속에서도 하나님의 뜻을 이루어갈 수 있다.

본문 말씀

로마서 12:2

Story of Life

오래된 이야기지만 대학에 들어가면서 나는 무척 혼란스러웠다. 고등학교 때까지 순진하게 믿었던 '사실'들이 흔들렸고, 과연 어디까지가 진짜고 어디까지가 가짜인지를 가늠하는 일에 대학 시절의 절반을 소비했다.

우리나라의 역사가 그랬고 우주의 역사가 그랬고 기독교 신앙이 그랬다. 그때도 남은 거들떠보지 않고 공부만 하는 이기적인 학생들이 있었고, 주님만 바라보고 공부하지 않는 평안하고 게으른 학생들도 있었다.

물론 다수는 그 중간 어디쯤에 있었겠지만, 공부를 열심히 해도 괴로웠고 안 해도 괴로웠다.

(중략)

결국 기독교 세계관을 공부하면서 얻은 답은 이것이었다.

신실하게 학업을 하라. 그래, 이기적으로 학업을 하는 것이 아니라, 주님께 하듯, 신실하게 학업을 하라.
정말 주님이 내가 무슨 수업을 듣고 어떻게 공부하는지에 관심이 있으실까? 주님이 하루 대부분을 차지하는 나의 학업에 별 관심이 없으시다면 당장 때려치우고 말지 왜 계속하는가? 그래도 대학은 나와야 밥은 먹고 사니까? 주님은 하늘의 새와 들의 꽃도 먹이고 입히신다.
이 책의 핵심 주장은 "하나님이 우리의 학업에 지극히 관심을 갖고 계시다는 것"이다. 그렇다. 주님은 창조계의 반쪽만 소유하신 분이 아니다. 그래서 세상에서 우리가 어떻게 사는지를 끊임없이 지켜보시고 훈련의 과정인 학교에서의 교육, 즉 학업에 지극한 관심을 갖고 계신다.

도널드 오피츠 & 데릭 멜러비, 《공부하는 그리스도인》, IVP.

Talk Talk about Life

＊내가 학교에 다니는 이유!!!

(1) 내가 학교에 다니고 있는 이유와 목적은 무엇입니까? ☑ 표시해봅시다.

- ☐ 내 또래 친구들과 함께 지낼 수 있으니까
- ☐ 대한민국은 학벌주의이기 때문에 학벌로 인한 불이익을 받지 않기 위해서
- ☐ 꿈을 이루고 내가 하고 싶은 것을 하기 위해서
- ☐ 많은 것을 배우기 위해서
- ☐ 부모님을 실망시키지 않기 위해서(부모님이 원하시니까)
- ☐ 나를 무시하고 비아냥거린 사람들에게 앙갚음할 능력을 키우기 위해서
- ☐ 항상 나에게 힘이 되어주는 모든 사람들에게 보답하기 위해서
- ☐
- ☐

(2) 내가 학교에 다니는 태도는 어떠합니까? 자신의 태도가 위치하고 있다고 생각되는 지점에 표시해 봅시다.

별다른 목적 없이 게으름 ⟷ 뚜렷한 목적을 세우고 최선을 다함

Standard of Life

*말씀탐구

(1) 학교생활을 할 때, 그리고 공부를 할 때 우리는 어떠한 태도로 임해야 할까요?

전 12:12,13 "내 아들아 또 이것들로부터 경계를 받으라 많은 책들을 짓는 것은 끝이 없고 많이 ＿＿＿＿ 하는 것은 몸을 피곤하게 하느니라 일의 결국을 다 들었으니 하나님을 경외하고 그의 명령들을 지킬지어다 이것이 모든 사람의 본분이니라"

* 하나님을 경외하지 않는 학문(공부)은 우리의 인생을 피곤하게 하는 헛된 것일 뿐입니다! 공부는 자신의 성공을 위해서가 아니라 생명의 근원이신 하나님을 경외하는 데에서 출발해야 합니다!

골 3:23 "무슨 일을 하든지 ＿＿＿＿ 을 다하여 주께 하듯 하고 사람에게 하듯 하지 말라"

* 우리는 주님께 하듯 신실하게 학교생활과 공부에 임해야 합니다.

(2) 우리는 어디에 목적을 두고 학교생활을 해야 할까요?

막 12:29-31 "예수께서 대답하시되 첫째는 이것이니 이스라엘아 들으라 주 곧 우리 하나님은 유일한 주시라 네 마음을 다하고 목숨을 다하고 뜻을 다하고 힘을 다하여 주 너의 ＿＿＿＿ 을 사랑하라 하신 것이요 둘째는 이것이니 네 ＿＿＿＿ 을 네 자신과 같이 사랑하라 하신 것이라 이보다 더 큰 계명이 없느니라"

* 그리스도인으로서 학교생활을 하는 목적은 하나님을 사랑하고 이웃 사랑을 실천하는 데 있습니다!

생활편 제 9과 그리스도 안에서 나의 학교생활

마 25:14-16 "또 어떤 사람이 타국에 갈 때 그 종들을 불러 자기 ________ 를 맡김과 같으니 각각 그 ________ 대로 한 사람에게는 금 다섯 달란트를, 한 사람에게는 두 달란트를, 한 사람에게는 한 달란트를 주고 떠났더니 다섯 달란트 받은 자는 바로 가서 그것으로 장사하여 또 다섯 달란트를 남기고"

*그리스도인으로서 학교생활을 하는 목적은 하나님이 주신 달란트를 발견하고 최대한 발휘하기 위해 준비하는 데 있습니다!

Change of Life

＊예수 그리스도의 구속을 받은 나의 학교생활

내가 실천할 학교생활 수칙!!!

바른 목표 세우기

- ㅁ 학교생활과 학습에 대한 나의 목표
- ㅁ
- ㅁ
- ㅁ

하나님 사랑 실천하기

- ㅁ신실하게 공부하기
- ㅁ공부하기 전에 기도하기
- ㅁ
- ㅁ

이웃 사랑 실천하기

- ㅁ양보하기
- ㅁ
- ㅁ
- ㅁ

나의 달란트 발견하기

- ㅁ
- ㅁ
- ㅁ
- ㅁ

「참고」 수업 전에 드리는 짧은 기도의 예시

"하나님이 저를 이 공부, 이 수업으로 부르셨음을 믿습니다. 거짓을 가려내고, 가치 있는 통찰을 발견하며, 겸손하게 기여할 수 있도록 도와주세요. 하나님의 세상을 배워 가는 동안 지혜를 주시기를 구합니다. 공부하는 동안 저를 지켜봐 주세요. 이곳에서 하는 공부가 하나님 나라를 섬기는 데 준비되는 과정이기를 원합니다."

도널드 오피츠 & 데릭 멜러비, 《공부하는 그리스도인》, IVP.

Decision of Life

이번 과를 통해 그리스도인으로서 학교생활을 하는 바른 목적과 자세에 대해 생각해 보았습니다. 우리는 겉으로 보기에 크게 다를 것 없이 학교생활을 하고 있습니다. 그러나 학교생활을 하는 목적과 자세는 각자 다릅니다. 소위 좋은 '스펙'을 갖추고 좋은 직장과 돈, 명예, 안락한 삶을 얻는데 목적을 두고 좋은 성적을 거두기 위해 열심히 공부하는 친구들이 있는가 하면, 그런 친구들의 이기적인 모습을 비판하면서 자신의 삶에 대한 확고한 목표의식 없이 공부는 소홀히 한 채 주님만 바라본다고 하면서 학생으로서 기울여야 할 노력을 게을리 하는 친구들도 있습니다. 하지만 그리스도 예수의 구속을 받은 우리들은 하나님 사랑과 이웃 사랑을 위해, 그리고 우리에게 허락하신 각자의 재능을 발견하기 위해 열심히 학교생활과 학습에 임해야 합니다. 또한 하나님을 경외하는 자세로, 신실하게 최선을 다하는 태도로 학교생활과 학습에 임해야 합니다. 예수 그리스도의 구속의 은혜를 먼저 받은 우리들이 우리들의 생활공간인 학교에 그 은혜가 임하기를 소망하고 간구하면서 학교를 예수 그리스도의 복음으로 밝히고 치유하며 회복시키는 일을 실천해 나가는 우리가 되어야 하겠습니다.

단원 주제

미래의 공간

단원 해설

청소년기는 미래를 꿈꾸며 선택하고 준비하는 중요한 시기입니다. 이런 저런 미래의 모습을 그리고 꿈꾸는 청소년들이지만 그 어떤 시기보다 혼란스럽고 복잡한 생각으로 힘들어 하기도 합니다. 그렇기 때문에 청소년들로 하여금 자신이 꿈꾸는 이상적인 미래의 모습에 대해 점검해보도록 기회를 부여하는 것은 청소년들의 미래 선택과 준비에 출발점이 될 수 있습니다. 그리고 오늘의 생각과 습관 중 변화시켜 나가야 할 부분에 대해 확인하는 것은 자신이 꿈꾸는 미래를 맞이하기 위해 반드시 필요한 과정이라 할 수 있습니다. 또한 예수 그리스도의 구속을 받은 그리스도인으로서 꿈꾸어야 할 미래는 어떤 것인지를 확고히 하는 것은 진정한 목적의식을 가지고 흔들림 없이 인생을 살아갈 수 있도록 청소년을 붙들어줄 것입니다.

중심 구절

"들으라 너희 중에 말하기를 오늘이나 내일이나 우리가 어떤 도시에 가서 거기서 일 년을 머물며 장사하여 이익을 보리라 하는 자들아 내일 일을 너희가 알지 못하는도다 너희 생명이 무엇이냐 너희는 잠깐 보이다가 없어지는 안개니라 너희가 도리어 말하기를 주의 뜻이면 우리가 살기도 하고 이것이나 저것을 하리라 할 것이거늘"(약 4:13-15).

단원학습목표

예수 그리스도 안에서 구속된 그리스도인으로서 꿈꾸어야 할 미래에 대한 인식을 확고히 한다.

단원핵심정리

하나님을 전적으로 의지하는 태도와 부지런히 일하는 삶의 자세를 바탕으로, 생각과 습관 중 잘못된 부분을 점검하고 변화시켜 나가면서, 내가 받은 구원의 복이 나를 통해 흘러가도록 통로의 역할을 감당하는 미래의 모습을 꿈꾸는 그리스도인으로 성장한다.

생활편 | 4단원

미래의 공간

단원 소개

청소년기는 미래를 꿈꾸고 준비하는 중요한 시기입니다. 본 단원은 청소년들로 하여금 자신이 꿈꾸는 미래의 모습에 대해 점검하고, 내가 꿈꾸고 그리는 미래를 맞이하기 위해 오늘의 삶에서 변화시키고 버려야 할 생각과 습관은 무엇인지 확인하도록 하는 데 목적이 있습니다. 그리고 예수 그리스도의 구속을 받은 그리스도인이 꿈꾸어야 할 미래에 대해 바른 인식을 가짐으로써 청소년들로 하여금 진정한 목적의식을 가지고 흔들림 없이 인생을 살아갈 수 있도록 하는 데 목적이 있습니다.

제 10과

내가 꿈꾸는 미래

학습 목표

자신이 꿈꾸는 이상적인 미래의 모습에 대해 점검한다

중심 진리

하나님의 주권을 인정하면서 하나님을 전적으로 의지하는 태도를 가지고 부지런히 일하여 다른 사람들에게 의존하지 않는 삶의 자세를 가진 사람이 되기 위해 미래를 꿈꾸고 노력을 다해야 한다.

본문 말씀

데살로니가전서 4:11-12

Story of Life

어릴 때에는 자주 꿈이 바뀌었다. 해리포터를 보고 난 뒤에는 마법사가 되고 싶다는 꿈을 갖기도 하였고, 남들을 도와줄 수 있는 의사가 되기를 바랐었던 때도 있다. 하지만, 지금은 그런 쪽과는 거리가 먼, 건축가라는 직업의 꿈을 갖게 되었다. 그 꿈은 미국 뉴욕에 있는 "구겐하임 박물관"에 관한 다큐멘터리를 보고 갖게 되었다. 구겐하임 박물관은 우리가 생각하는 정형화된 박물관을 깨고, 있는 것을 사용하여 만들어진 박물관이다. 이 건물을 지은 프랭크 라이트는 독창적이면서도, 주변과 어우러지고, 건물에 대한 확고한 고정관념을 깨어버릴 건물들을 지어 현재에도 미국에선 천재 건축가라는 칭호를 그에게 부여한다. 나도 건축가라는 꿈을 이루기 위해 해야 할 일들, 배워야 할 것들이 많다. 하지만, 이를 열심히 해서 사회에 꼭 남을 도와주어서 공헌하는 것보다, 도시를 거닐며 건물이라는 생각보단 건물도 예술이라는 생각을 심어주고 싶고, 오감으로 즐기며 마음이 즐거워지고 피로를 풀 수 있게 하고 싶다. 또한, 그의 작품처럼, 실용적이면서도, 고정관념을 깨어버릴 수 있고, 예술성까지 가미된 그런 건물을 짓고 싶다. 그래서 난 오늘도 그 꿈에 한 발짝 가까워진 걸 느낀다.

– 분수네신문, 2010. 1.8

Talk Talk about Life

＊나의 미래는요…

위의 글에서와 같이 우리는 저마다 자신이 되고 싶은 꿈을 가지고 살아갑니다. 청소년들로 하여금 자신이 꿈꾸는 미래의 모습에 대해 20년 후의 상황을 구체적으로 그리면서 인터뷰하는 방식으로 함께 이야기를 나누어 보도록 합니다.

• 20년 후, 인터뷰

□ 어떤 직업을 갖고 있습니까? 어떤 계기로 이 직업을 갖게 되었나요? 이 직업에 만족하고 있나요? 아님, 다른 계획이라도?

□ 결혼은 했나요? 배우자는 어떤 사람인가요? 결혼하지 않았다면 이유는?

□ 자녀는 있나요? 있으면 몇 명인가요?

□ 사는 곳은 어딘가요?

□ 신앙생활의 모습은 어떤가요? 교회에서는 어떤 일로 섬기고 있나요?

□ 50년 후 당신이 자서전을 출간한다면 제목은 무엇인가요?

Standard of Life

*말씀탐구

(1) 우리는 우리 자신의 미래에 대해 하나님 앞에서 어떤 태도를 가져야 합니까?

사 64:8 "그러나 여호와여, 이제 주는 우리 아버지시니이다 우리는 ______ 이요 주는 토기장이시니 우리는 다 주의 손으로 지으신 것이니이다"

롬 9:21 "______ 가 진흙 한 덩이로 하나는 귀히 쓸 그릇을, 하나는 천히 쓸 그릇을 만들 권한이 없느냐"

* 우리는 우리의 미래를 하나님의 전능하신 손에 전적으로 의지하는 태도를 가져야 합니다!

(2) 미래에 우리는 어떠한 삶의 자세를 가져야 할까요?

살전 4:11,12 "또 너희에게 명한 것 같이 조용히 자기 일을 하고 너희 ______ 으로 ______ 하기를 힘쓰라 이는 외인에 대하여 단정히 행하고 ______ 또한 아무 궁핍함이 없게 ______ 하려 함이라"

* 우리는 우리의 손으로 열심히 일하여 누구에게도 의존하지 않고, 오히려 존경받는 사람이 되어야 합니다!

Change of Life

*내가 그리는 나의 미래

내 삶의 목적: (　　　　　　　　)하는 삶

(　　　　　　　　)하는 삶

내 삶의 자원 ▶ 가족 | 건강 | (　　) | (　　)

내 삶의 기초: (　　　　　　　　)

☐ 내 삶은 무엇에 기초를 두고 세워져야 합니까?

☐ 내 삶을 지탱하기 위해 어떤 자원들이 필요할까요?

☐ 내 삶은 어떤 목적을 향해 나아가야 할까요?

Decision of Life

여러분이 꿈꾸는 미래의 모습을 확인해 보셨나요? 20년 후의 여러분은 어떤 모습인가요? 50년 후에 발간될 여러분의 자서전에 담길 내용은 어떤 것들일까요? 예수 그리스도에 대한 신앙을 삶의 기초로 삼고 하나님께서 공급하신 많은 삶의 자원들을 활용하여 여러분이 궁극적으로 이루어야 할 삶의 목적은 분명히 하였나요? 성경이 교훈하시는 그리스도인의 삶의 최종 목적은 어떤 직업을 갖느냐 하는 것이 아니라 하나님의 백성으로서 하나님을 사랑하고 이웃을 사랑하는 삶을 사는 데 있음을 잊지 말아야 하겠습니다(마 22:37-39). 청소년 여러분, 우리 자신의 미래는 하나님의 손에 달려 있음을 인정합시다! 하나님의 절대주권을 인정하고 하나님의 손을 전적으로 의지하는 태도를 갖도록 합시다! 그리고 믿지 않는 사람들에게 존경받을 정도로 부지런히 일하여 누구에게도 의존하지 않을 뿐만 아니라 가난한 자를 구제할 수 있는 삶을 사는 우리 모습을 준비해 나갑시다!

"주님은 토기장이이시며, 우리는 진흙입니다. 주님의 손으로 주의 형상을 닮아갈 때까지 우리를 빚어주십시오. 우리가 예수 그리스도 안에서 주님의 솜씨로 지음 받은 작품임을 알게 해주셔서 감사합니다. 우리의 일생 동안 계속해서 주님의 솜씨로 만들어 가실 줄 믿습니다."

클리프트 리처드, 로이드 힐드브랜드, 《자녀의 미래를 여는 기도》 중에서

제 11과

미래를 꿈꾸는 나의 오늘

학습 목표

미래를 꿈꾸는 그리스도인으로서 오늘의 내 모습에 대해 점검한다.

중심 진리

내가 꿈꾸는 미래를 맞이하기 위해서는 오늘의 내 생각과 습관 중 잘못된 부분을 점검하고 변화시켜 나가야 한다.

본문 말씀

예레미야 22:21

Story of Life

망하는 회사는 망하는 특징이 있다고 한다. 은행이나 신용평가기관에서는 '망하는 기업 판별법'을 가지고 있다고 한다. "화장실이 지저분하다, 깨진 유리창을 방치한다, 직원들이 불친절하다, 상하 위계질서가 없다, 회의 시간이 길다, 임원 교체가 빈번하다, 낯선 사람의 출입이 잦다, 사장이 역술인에 의지해서 회사를 경영한다…" 등등이다.
신용카드 회사에도 내부적으로 개인 신용불량자를 예측하는 '개인 신용불량 판별법'이 있다는 얘기를 들었다. 자기를 관리하지 못하는 신용불량자는 언행에서 사고방식에 이르기까지 남다른 특징이 있다고 보는 것이다. 이런 모든 접근과 예측의 공통점은 '지금'을 보면 그 사람의 '미래'를 알 수 있다는 것이다. '지금' 걸어가는 그 사람의 발걸음만 보아도, 그 사람이 가야 할 곳을 아는 사람인지, 방황하는 사람인지 금세 구별해낼 수 있다. 바로 지금 걸어가는 그 발걸음만 보고도 말이다. 그러므로 영광스런 미래를 기대하는 사람은 반드시 '지금' 상태를 변화시켜야 한다. 미래는 지금의 결과물일 뿐이다.

– 전병욱, 《지금 미래를 결정하라》 중에서

Talk Talk about Life

***내 이름은 　　　　　　입니다.**

나는 당신의 생애를 무너뜨릴 수 있습니다. 내 억센 틀에 당신을 가두어 당신을 비참하게 영원한 포로로 만들 수 있습니다. 나는 날마다 조금씩만 당신을 좀먹고 있습니다. 머지않아 나의 쇠사슬에 당신은 완전히 얽어매일 것입니다. 나는 당신을 속으로 곪게 하기 때문에 잘 보이지 않습니다. 나는 당신을 쉽게 게으름뱅이로 만들 수 있고 병자로 만들 수도 있습니다. 나는 또한 당신을 쉽게 싸움꾼으로 만들 수도 있고 도둑으로 만들 수도 있습니다. 내 이름은 　　　　　　입니다.

***내가 많이 듣는 말에 ☑ 표!!!**

- ☐ "게임 하지 마라!"
- ☐ "TV 좀 그만 봐라!"
- ☐ "방 좀 정리해라!"
- ☐ "시간을 정하고 공부해라!"
- ☐ "핸드폰 좀 그만 써라!"
- ☐ "공부할 땐 음악 끄고 집중해서 해라!"
- ☐ "일찍 자고 일찍 일어나라!"
- ☐ "이어폰(헤드폰) 그만 빼라!"
- ☐
- ☐

Standard of Life

*말씀탐구

(1) 미래를 준비하는 우리가 오늘 점검하고 변화시켜야 할 것은 무엇일까요?

렘 6:19 "땅이여 들으라 내가 이 백성에게 재앙을 내리리니 이것이 그들의 ________의 결과라 그들이 내 말을 듣지 아니하며 내 율법을 거절하였음이니라"

* 나 자신이 가진 생각을 점검하고 잘못된 부분을 변화시켜야 합니다!

(2) 미래를 준비하는 우리가 지금 변화시켜 나가야 할 것은 무엇일까요?

렘 22:21 "네가 평안할 때에 내가 네게 말하였으나 네 말이 나는 듣지 아니하리라 하였나니 네가 어려서부터 내 목소리를 청종하지 아니함이 네 ________이라"

* 나의 잘못된 습관, 나쁜 습관을 변화시켜 나가야 합니다!

Change of Life

*변화시켜야 할 '지금'

변화시켜야 할 생각	가져야 할 바른 생각
	버려야 할 생각
변화시켜야 할 습관	갖고 싶은 좋은 습관
	버리고 싶은 나쁜 습관

Decision of Life

오늘 나의 생각과 습관은 미래의 나를 결정합니다. 스티븐 코비 박사는 《성공하는 사람들의 7가지 습관》에서 "생각을 심으면 행동을 거두고, 행동을 심으면, 습관을 거두고, 습관을 심으면 성품을 거두고, 성품을 심으면 운명을 거둔다"고 했습니다. 지금의 생각이 미래를 결정한다는 말입니다. 지금의 습관이 운명을 만든다는 것입니다. 《작심삼일씨 습관 바꾸다》란 일본 책의 저자는 "아침에 일어나서 밤에 잠자리에 들 때까지 인간의 행동은 80%의 습관과 20%의 새로운 행동으로 이뤄진다"고 말합니다. 인생에서 차지하는 습관의 위력을 강조하면서 "나쁜 습관은 없앨 것이 아니라 좋은 습관으로 대체하라"고 권합니다. 작심삼일이라도 일곱 번만 결심하면 누구나 성품과 운명을 바꿀 평생의 좋은 습관을 길들일 수 있다고 하면서. 찬란한 꿈같은 미래를 꿈꾸기는 쉽지만 오늘 나의 생각과 습관을 바로 잡기로 결단하고 노력하는 사람은 많지 않습니다. 자! 하나님 중심의 생각과 경건하고 좋은 습관을 훈련하는 오늘을 사는 우리가 되기로 합시다!

제 12과

내가 꿈꾸어야 할 미래

학습 목표
그리스도 예수 안에서 꿈꾸어야 할 미래에 대해 이해한다.

중심 진리
예수 그리스도의 구속을 받은 그리스도인이 꿈꾸어야 할 미래는 내가 받은 구원의 복이 나를 통해 흘러가도록 통로의 역할을 감당하는 모습이어야 한다.

본문 말씀
창세기 12:2-3

Story of Life

"시계추처럼 출퇴근을 반복하는 직장 생활을 청산하고, 일주일에 반 이상은 여행도 떠나고 취미 활동도 즐길 줄 아는 삶이라면 얼마나 좋을까요."
"지금은 디자이너로 일하지만, 45세가 되면 어르신을 위한 미술 치료를 하고 싶네요. 제가 지닌 재능을 나눌 수 있는 삶이었으면 좋겠습니다."
"지금처럼 새벽밥을 겨우 챙겨 먹고 나와 버스 정류장을 향해 뛰지는 않을 거예요. 내 사업을 운영하며 오로지 나를 위해 달리는 삶! 그만큼 여유로운 시간을 만끽하고 싶습니다."
"원하는 직장을 다니며 공연 관련 서적을 출간하는 것이 마흔 전에 꿈꾸는 제 모습입니다. 마흔이 넘으면 작은 무대가 딸린 카페를 운영하고 싶어요."
"3남매를 키우며 25년간 틈틈이 기록한 요리법을 책으로 발간하고 싶습니다. '마리아의 키친'이라는 작업실을 열어 재능을 나누며 인생 2막을 시작하고 싶네요."

"패션 디자이너의 꿈을 품고 왔지만 현실에서는 도전하지 못했습니다. 디자인 공방을 갖춘 카페를 운영하며 직접 만든 옷도 판매하는 모습! 제가 꿈꾸는 10년 후의 모습입니다."

– 〈행복이 가득한 집〉, 2012년 2월호 중에서

Talk Talk about Life

*세 종류의 사람

나는 어떤 종류의 사람일까요?

세 종류의 사람	어떤 인생관을 가진 사람일까요?	나는?
배가 어디로 가는지 전혀 관심이 없는 사람: 오로지 배 안에서 먹고 마시는 일에만 관심이 있으며, 먹을 것이 많으면 행복해 하고 먹을 것이 없으면 불행해 하는 사람	인생에서는 오직 먹고 마시는 일만 중요하다고 생각하는 사람	
주변의 경치를 구경하는 일에만 관심이 많은 사람: 배가 어디로 가는 지는 관심이 없고 날씨가 화창하고 경치가 좋은 곳을 지나가면 즐거워하다가도 경치가 나쁘고 날씨가 궂으면 원망과 불평을 쏟아내는 사람	인생이란 즐기는 것이라고 생각하여 쾌락을 중요하게 여기는 사람	
배가 가는 목적지를 분명하게 기억하고 늘 방향을 점검하는 사람: 목적지에 도달하기 위해 무엇을 해야 할지를 알며 자기가 맡은 일에 최선을 다하는 사람	인생은 자신에게 주어진 목적을 위해 사는 것이라고 생각하는 사람	

Standard of Life

*말씀탐구

(1) 그리스도인으로서 우리는 어떤 인생관을 가지고 미래를 꿈꾸어야 할까요?

롬 14:8 "우리가 살아도 주를 위하여 살고 죽어도 주를 위하여 죽나니 그러므로 사나 죽으나 우리가 　　　　의 것이로다"

* 살아도 죽어도 그리스도를 위해서 산다는 인생관을 가지고 우리의 미래를 꿈꾸어야 합니다!

빌 1:21, 24 "이는 내게 사는 것이 그리스도니 죽는 것도 유익함이라 … 내가 육신으로 있는 것이 　　　　를 위하여 더 유익하리라"

* 그리스도인은 다른 사람의 유익을 위해 산다는 인생관을 가지고 미래를 꿈꾸어야 합니다!

빌 1:29 "그리스도를 위하여 너희에게 은혜를 주신 것은 다만 그를 믿을 뿐 아니라 또한 그를 위하여 　　　　도 받게 하려 하심이라"

* 그리스도인은 고난을 특권으로 여기며 산다는 인생관을 가지고 미래를 꿈꾸어야 합니다!

(2) 그리스도인으로서 우리가 꿈꾸어야 할 미래는 무엇일까요?

창 12:2,3 "내가 너로 큰 민족을 이루고 네게 복을 주어 네 이름을 창대하게 하리니 너는 　　이 될지라 너를 축복하는 자에게는 내가 복을 내리고 너를 저주하는 자에게는 내가 저주하리니 땅의 모든 족속이 너로 말미암아 　　을 얻을 것이라 하신지라"

* 나로 인해 모든 사람들이 복을 받을 것을 꿈꾸어야 합니다!

Change of Life

＊예수 그리스도의 구속을 받은 내가 꿈꾸어야 할 미래

복의 통로로서 살아갈 미래의 내 모습을 소개합니다!!!

〈예〉

저는 꼭 이루고 싶은 꿈을 가지고 있습니다. 그 꿈은 생명공학자입니다. 생명공학자라는 꿈을 이루기는 쉽지 않습니다. 그렇기 때문에 저는 국제화 시대에서 성공하기 위해 영어를 열심히 공부하고 있고, 학교 과학 공부뿐 아니라 여러 과학책을 읽고 있습니다. 또 실생활에서 느끼는 궁금증에 대해 생각해 그 답을 찾으면서 여러 가지 생명, 화학, 물리 등에 대한 새로운 사실을 공부하고 있습니다.

저의 꿈은 프로듀서(PD)입니다. 드라마나 다른 TV 프로그램들을 보면서 저건 이렇게 바꾸는 건 어떨까? 생각도 해보고 그 아이디어를 어머니께 말씀드려 봅니다. 10년, 20년 후에 헤드셋을 머리에 끼고 '레디고!' 라고 외치는 장면을 상상하며 꿈을 향해 달려가고 있습니다. 열심히 공부해 신문방송학과에 들어가 실력을 갈고 닦으면 아마 전 M본부에서 이름을 날리고 있겠죠?

저의 꿈은 국사연구직이고, 저는 그 꿈을 이루기 위해 한국사 시험을 준비하면서 한국사와 세계사를 공부하고 있습니다. 그리고 글로만 역사를 배우면 느낄 수 없기 때문에 반크 같은 외교사이트에서 현재를 공부하고, 위안부서명운동, 간도서명운동 등에도 조금씩 참여하고 있습니다.

저의 꿈은 판사입니다. 이 꿈은 제가 어렸을 때부터 간절히 소망하는 꿈입니다. 이 꿈을 이루어 억울한 사람들을 돕고 싶습니다. 그래서 저는 지금 열심히 한자공부를 하고 있습니다. 한자공부는 판사로서는 꼭 해야 할 요소입니다. 또한 글로벌시대에 맞춰 열심히 영어실력을 향상시켜야 된다고 생각하고 실천하고 있습니다.

하나님의 복의 통로인 나 ______________________ 의 꿈은

______________________________________ 입니다!

그리스도를 위해 또 다른 사람의 유익을 위해 이 꿈을 꾸며 미래를 생각하는

이유는 ______________________________________

____

______________________________________ 때문입니다.

이 꿈을 실현하기 위해 실천하고 노력할 것은: ________________

____

____

____

____

____

____

Decision of Life

이번 과를 통해 구속 받은 그리스도인으로서 꿈꾸어야 할 미래에 대해 생각해 보았습니다. 우리는 살아도 죽어도 그리스도를 위해서 산다는 인생관을 가지고 우리의 미래를 꿈꾸어야 합니다. 우리는 다른 사람의 유익을 위해 산다는 인생관을 가지고 미래를 꿈꾸어야 합니다. 우리는 소명을 감당하는 가운데 당하는 고난을 특권으로 여기며 산다는 인생관을 가지고 미래를 꿈꾸어야 합니다. 그리고 이러한 인생관을 가지고 우리가 꿈꾸어야 할 미래는 바로 내가 받은 구원의 복이 나를 통해 흘러가도록 통로의 역할을 감당하는 모습이어야 합니다. 예수 그리스도의 구속을 받은 그리스도인으로서, 나로 인해 많은 사람이 복을 받도록 내가 누리는 구원의 복을 흘러가게 해야 할 복의 통로로서 살아가는 미래를 꿈꾸어야 합니다. 이 땅 위에서 살면서 생활의 구체적인 영역에서 과연 나는 어떤 직업 세계에 속하여 그리스도를 위해 또 다른 사람의 유익을 위해 복의 통로로서 살아갈 것인지, 그리고 그것을 위해 지금 어떠한 노력을 기울여야 할 것인지 진지하게 고민하면서 살아가도록 합시다. 우리가 꿈꾸어야 할 미래를 살기 위해!

Memo

6권

틴틴파워 In Jesus 인 지저스

청소년 핵심공과 생활편

6권

틴틴파워 In Jesus

인 지저스

청소년 핵심공과 6권 | 풍습과전통편

요단

CONTENTS 풍습과전통편

제1과 도량형 3

제2과 시간 계산 7

제3과 화폐 11

제4과 달력과 절기 15

제 1과
도량형

학습 목표 | 이스라엘의 도량형에 관한 내용을 살펴보고 신앙적인 교훈을 얻을 수 있음을 이해한다

중심 진리 | 도량형의 내용과 의미

본문 말씀 | 출애굽기 26:30

Memory Verse | 출 26:30

"너는 산에서 보인 양식대로 성막을 세울지니라"

View of Bible

하나님의 놀라운 은혜로 오랫동안 노예 생활을 하다 애굽을 탈출한 이스라엘 백성은 광야에서 하나님과 동행하는 놀라운 특권을 누리게 되었습니다. 그 광야의 여정 중에 하나님께서는 성막을 짓도록 명령하셨습니다. 그리고 이 성막은 하나님께서 직접 설계해 주십니다. 그러므로 이스라엘 백성은 성막을 어떻게 지을까 고민할 필요가 없었습니다. 설계해 주신 규격대로 정확하게 만들기만 하면 되었습니다.

Learn of Bible

1. 길이

이스라엘 사람들은 인체의 사지를 길이의 척도를 재는 도구로 사용하였습니다. 그 이유는 당시 손으로 하는 수공업이 발달했기 때문입니다. 성경에서 길이나 거리를 재는 일에 많이 사용된 것으로는 규빗(Cubit)이 있습니다. 규빗은 팔꿈치에서 손가락 끝까지를 말하는 것으로 약 45-56cm를 의미합니다. 성막을 만드는 일에 아주 많이 사용되었던 단위입니다(창 6:16; 출 37:1; 렘 52:21).

거리를 재는 방법으로는 경험적인 것이 제시되었습니다. '한 걸음(삼상 20:3)', '하룻길(민 11:31)', '사흘 길(창 30:36)', '칠일 길(창 31:23)' 등이 있습니다.

2. 면적

고대 이스라엘에서는 각 변의 길이를 제시함으로써 면적의 측정을 표현하였습니다. 다시 말해 정사각형 또는 직사각형의 면적은 가로와 세로의 길이를, 원형의 면적은 직경과 둘레의 길이를 표현하였던 것입니다(왕상 6:2; 대하 4:1; 겔 40:47).

농경지의 면적은 한 쌍의 소가 반나절 갈 수 있는 토지의 넓이를 '갈이'라고 하여 토지를 표시하였습니다(삼상 14:14). 다른 한편으론, 레위기 27장 16절 "만일 어떤 사람이 자기 기업된 밭 얼마를 성별하여 여호와께 드리려하면 마지기 수대로 네가 값을 정하되 보리 한 호멜지기에는 은 오십 세겔로 계산할지며"에 보면 파종할 종자의 분량인 '한 호멜지기'를 통해 토지 면적을 구분하기도 하였습니다.

3. 부피의 척도

부피의 척도는 곡물을 담는 말과 되에서 파생되었습니다. 그 단위들을 살펴보면 '호멜', '고르', '에바', '밧', '오멜' 등이 있습니다.

호멜은 나귀 한 마리의 짐이란 의미로 곡식의 부피에 가장 큰 단위라 볼 수 있습니다(레 27:16). 고르는 밀가루, 밀, 보리 등에 대한 단위이며(왕상 5:11), 에바는 고체를 측량하는 가장 흔한 단위를 말하는 것이며, 밧은 물과 포도주 혹은 기름과 같은 액체를 측량하는 단위인데, 1밧의 용적은

22-23리터에 해당한다고 합니다(대하 2:10). 오멜이란 단위는 곡식의 단을 의미하지만 성경에서는 '만나'의 이야기에서만 사용됩니다(출 16:18). 여기서 1오멜은 에바의 1/10 정도라고 합니다.

4. 무게

작은 물건의 무게는 저울을 사용하여 측량하였습니다. 이 저울은 양쪽에 하나씩 저울판이 달려있었으며 한 쪽에는 추를 또 다른 쪽에는 물건을 올려놓고 저울질하였습니다.

구약 시대에 무게를 측량할 때 사용된 단위로는 '게라', '세겔', '므나', '달란트' 등이 있습니다. 게라는 약 0.5그램입니다(출 30:13). 세겔은 두 가지로 나누어지는데 발굴된 추를 달아보면 보통 세겔은 약 11.5그램이고, 왕실에서 쓴 무거운 세겔은 약 13그램입니다(민 7:13). 마네는 50세겔이고(왕상 10:17), 달란트는 3000세겔로써 약 35킬로그램이라고 합니다(삼하 12:30).

Test of Bible

1. 이스라엘 사람들은 왜 사지를 길이의 척도를 재는 도구로 사용하였습니까?

2. 농경 면적을 측량할 때 멍에를 멘 짐승이 얼마간 갈 수 있는 거리로 측량하였습니까?

3. 부피의 척도를 재는 '호멜'의 의미는 무엇입니까?

Tip of Bible

하나님의 설계에 순종하며 지어져 갈 때

하나님께서는 성막을 만드실 때 직접 성막을 설계하셨습니다. 그리고 이스라엘 백성 중에 뛰어난 장인들이 하나님의 설계에 의지하여 정확한 도량을 측량하며 정성껏 만들었던 것입니다. 히브리서 8장 5절을 보면 "그들이 섬기는 것은 하늘에 있는 것의 모형과 그림자라 모세가 장막을 지으려 할 때에 지시하심을 얻음과 같으니 이르시되 삼가 모든 것을 산에서 네게 보이던 본을 따라 지으라 하셨느니라"는 말씀이 있습니다. 이는 에덴이 하나님 나라의 원래 모습이라면 성막은 하늘의 모형이라 말하고 있는 것임을 알 수 있습니다.

에덴에서 아담과 하와는 하나님과 같이 되려고 선과 악을 알게 하는 과실을 먹었고 이 죄는 결국 하나님과 인간의 관계가 단절되는 결과를 가져오게 됩니다. 하지만 하나님께서는 그의 백성을 불러내시고 애굽의 노예 생활에서 구원하시고 율법을 통해 구별된 삶을 살도록 하셨습니다. 하지만 여전히 인간들에게는 죄의 속성이 있었기 때문에 하나님과의 관계를 회복할 수 있도록 성막을 설계하신 것입니다. 이 성막을 통해 하나님의 백성은 정해진 규례대로 제사를 드렸고 하나님은 그 백성을 만나 주셨습니다.

우리도 하나님을 어떻게 믿을까? 어떻게 신앙생활 할까? 고민할 필요가 없습니다. 이미 우리에게 주어진 하나님의 말씀에 믿음으로 순종하면 그것이 한 규빗, 두 규빗 하나님의 성전으로 정확하게 지어져 가면 되는 것입니다. 바로 그 믿음의 성막 안에 하나님은 언제나 우리와 함께하시는 것입니다.

"내가 그들 중에 거할 성소를 그들이 나를 위하여 짓되"(출 25:8).

제 2과

시간 계산

학습 목표 | 이스라엘의 시간 계산 방법을 살펴보고 그 속에 담겨진 신앙적 의미를 이해한다.

중심 진리 | 시간 계산 방법과 의미

본문 말씀 | 갈라디아서 4:4-5

Memory Verse | 갈 4:4-5

"때가 차매 하나님이 그 아들을 보내사 여자에게서 나게 하시고 율법 아래에 나게 하신 것은 율법 아래에 있는 자들을 속량하시고 우리로 아들의 명분을 얻게 하려 하심이라"

View of Bible

성경에는 '때', 특히 '하나님의 때'라는 말이 적지 않게 등장합니다. 여기서 말하는 '때'란 어떤 시간적 의미를 가지고 있을까요? 중요한 것은 하나님의 시간계획 속에서 구원자 예수님을 이 땅에 보내셨으며, 하나님의 시간계획 속에서 죄 된 자들을 대신하여 죄를 속량하셨고, 나아가 하나님의 아들이 되는 놀라운 계획을 시간 속에서 이루어내고 계신 것입니다. 그리고 그 하나님의 때는 심판의 날로 귀결될 것입니다.

Learn of Bible

1. 구약의 시간 계산법

히브리인들은 시간을 계산하는 자신들만의 방식을 가지고 있었습니다. 이 '때' 라는 시간을 가장 많이 나타내는 단어들로는 히브리어로 '에트', '제만', '모에드' 등이 있습니다. 여기서 '모에드' 는 '정하다' 라는 어근 의미에서 나온 것으로 초승달과 같은 자연적인 기간들에 대해서 사용되었습니다. 이 단어들은 모두 하나님에 의해 정해진 시간들, 하나님에 의해 주어진 기회들을 말할 때 사용되었습니다.

구약 시대에는 밤 시간을 세 가지로 '초경', '이경', '삼경(새벽)' 으로 나뉩니다. 초경은 초저녁으로 해질 때를 말하는 대 오후 6시에서 10시쯤을 가리킵니다(애 2:19). 이경은 오후 10시에서 오전 2시(삿 7:19), 삼경은 새벽 때를 말하는데 오전 2시부터 해뜰 때까지를 말합니다(출 14:24). 낮 시간은 '아침', '오정', '서늘할 때', '해질 때' 로 나뉩니다. 아침은 해 뜰 때를 말하며, 오정은 오전 10시부터 오후 3시를 말합니다(창 18:1). 서늘할 때는 오후 3시부터 오후 6시를 말하며(창 3:8), 해질 때는 오후 6시를 뜻합니다(잠 7:9).

2. 신약의 시간 계산법

신약 시대의 유대인들은 낮 시간을 열두 시간으로, 밤 시간은 약 3시간씩 나누어 1경이라 하였고 총 4경으로 나누어 사용하였습니다. 마가복음 15장에 보면 예수님께서 십자가에 못 박히셔서 죽으시는 장면이 나옵니다. 이 때 "때가 제 3시가 되어", "제 9시에 예수께서… 운명하시다" 는 시간을 표기합니다. 여기서 로마 시간 법으로는 제 3시는 오전 9시이고 제 9시는 오후 3시가 됩니다. 예수님의 제자들은 예수님께서 희생당하신 그 시간 즉, 제 3시와 제 9시를 기도시간으로 정해 매일 같이 기도를 하였습니다. 바로 오순절 날 제 3시쯤 기도하다가 성령의 충만을 받게 됩니다(행 2:1-15). 또한 베드로와 요한은 제 9시에 기도하기 위해 성전에 올라가는 모습을 신약 성서에서 찾아볼 수 있습니다(행 3:1).

3. 카이로스와 크로노스

신약 성서에 보면 '때'를 나타내는 단어가 두 가지 나옵니다. 바로 '카이로스'와 '크로노스'입니다. 크로노스는 우리가 늘 궁금해 하는 "지금 몇 시쯤 되었을까?"의 답을 해주는 초침이 움직이는 일반적인 시간을 의미합니다. 반면 카이로스는 어떠한 사건이 벌어지는 특별한 때를 의미합니다. 모세는 광야에서 40년간 양을 치면서 평범하고 지루한 시간 즉 크로노스를 지냅니다. 하지만 하나님의 산에서 불타는 떨기나무 가운데 하나님을 만나는 특별한 순간을 맞이합니다. 바로 카이로스의 시간을 경험한 것입니다. 신약 성서에서도 우리는 사도 바울이 그리스도인들을 핍박하기 위해 다메섹 도상을 지날 때 경험한 카이로스의 때를 잘 알고 있습니다. 예수님의 부르심을 통해 크로노스의 시간을 보내던 '사울'이 예수님을 전하는 복음 전도자가 되는 카이로스의 놀라운 변화를 말입니다. 그러므로 우리는 크로노스의 시간 즉, 세월을 아껴 하나님을 간절히 구해야 할 것입니다.

Test of Bible

1. 구약 시대에는 밤 시간을 초경, 이경, 그리고 무엇으로 나뉠까요?

2. 신약 시대에 밤 시간을 4경으로 나누었습니다. 1경은 약 몇 시간쯤을 나눈 것일까요?

3. 하나님의 때를 말할 때 그 시간의 의미를 품고 있는 헬라어 단어는 무엇입니까?

Tip of Bible

세월을 아끼라

성경에는 시간을 강조하는 말이 많이 나옵니다. 특별히 하나님과의 만남의 시간에 관한 이야기들로 가득 차 있습니다. 에덴에서 하나님과의 특별한 교제의 시간을 죄로 인해 잃어버린 이후 성경의 거의 대부분의 사건들은 하나님의 부르심과 그 부르심에 반응하는 사건 즉 카이로스의 시간들로 메워져 있습니다. 아브라함은 하나님의 부르심에 본토 친척 아비 집을 떠나 하나님께서 명하신 땅으로 모험을 떠납니다. 야곱은 장자권을 빼앗기 위해 형 에서와 아버지 이삭을 속이고 도망합니다. 모든 것을 잃고 지쳐 쓰러졌을 때 벧엘에서 하나님을 만나 소명의 사람이 됩니다. 요셉은 모진 고통의 삶 속에서 하나님 앞에서의 삶을 믿음으로 살아내고 애굽의 총리가 되어 자신을 노예로 팔아버린 나쁜 형들을 포함하여 많은 민족을 죽음에서 구원하는 놀라운 축복의 통로로 쓰임 받습니다.

성경은 말합니다. “세월을 아끼라”(엡 5:16)고 말입니다. 그러므로 우리가 세월을 아껴 해야 할 일은 “너희는 여호와를 만날 만한 때에 찾으라 가까이 계실 때에 그를 부르라”(사 55:6)입니다. 그렇습니다. 청년의 때 젊음의 때에 하나님을 만나야 합니다. 그리고 주님이 주시는 비전을 품고 예수 그리스도의 아름다운 덕을 선전하는 축복의 통로가 되어 이 세상을 변혁시켜야 하는 것입니다.

“너는 말씀을 전파하라 때를 얻든지 못 얻든지 항상 힘쓰라”(딤후 4:2 上).

제 3과

화폐

학습 목표 | 성경의 화폐에 관한 내용을 살펴보고 신앙적인 교훈을 얻을 수 있음을 이해한다.

중심 진리 | 화폐의 내용과 의미

본문 말씀 | 마태복음 6:24

Memory Verse | 마 6:24

"한 사람이 두 주인을 섬기지 못할 것이니 혹 이를 미워하고 저를 사랑하거나 혹 이를 중히 여기고 저를 경히 여김이라 너희가 하나님과 재물을 겸하여 섬기지 못하느니라"

View of Bible

예수님께서는 외적으로는 하나님에 대한 믿음이 좋은 것처럼 보이나 실상 그 마음속에는 하나님이 아닌 자신을 더 사랑하는 바리새인들의 이중성을 고발하십니다. 그들은 사람들에게 보이기 위한 위선적인 신앙생활을 했지만 속으로는 하나님이 아닌 돈을 더 많이 사랑하였던 것입니다. 그들은 종교 지도자적 위치에서 많은 사람들을 진리이신 예수님께로 이끌어야 했지만 실상은 이 땅에 오신 하나님의 독생자 예수 그리스도를 알아보지 못할 뿐 아니라 오히려 자신들의 욕심을 채우는데 방해가 되는 존재로 생각하고 그분을 해칠 계획을 세웁니다.

Learn of Bible

1. 돈의 종류

구약 시대에는 주조된 화폐가 없었습니다. 그러므로 귀금속의 무게를 따라 값을 치렀습니다. 그래서 금 몇 달란트(왕상 9:14) 또는 은 몇 달란트(왕상 16:24)씩으로 표현한 것입니다. 물론 다른 나라의 화폐가 구약성경에 나오기도 합니다. 그것은 '바사의 다릭'(대상 29:7)과 '헬라의 드라크마'(느 7:71)입니다.

신약 시대에는 주조된 화폐가 일반적으로 사용되었습니다. 하지만 너무 높은 액수는 구약 시대의 무게 단위인 달란트 등이 사용되었습니다. 당시에는 로마제국이 헬레니즘 문화권을 다스리고 있었습니다. 그러므로 헬라 화폐단위인 달란트(마 25:15), 므나(눅 19:13), 세겔(마 17:24), 드라크마(눅 15:8), 렙돈(막 12:42) 그리고 로마의 화폐인 데나리온(마 18:28), 앗사리온(마 10:29), 고드란트(막 12:42) 등 다양하게 통용되었습니다.

2. 돈의 정체

성경에 등장하는 돈 그리고 넓은 의미에서 재물은 선한 것도 악한 것도 아닙니다. 신명기 8장 18절을 보면 "네 하나님 여호와를 기억하라 그가 네게 재물을 얻을 능력을 주셨음이라"는 말씀이 있습니다. 하나님은 인간에게 돈을 얻을 능력을 주십니다. 이런 의미에서 돈의 출처는 실상 하나님이심을 알 수 있습니다. 이런 맥락에서 볼 때 돈은 선한 것입니다. 왜냐하면 하나님께로부터 주어졌기 때문입니다. 하지만 신약에 오면 돈에 대한 시각이 조금 변하는 것을 볼 수 있습니다. 예수님은 어리석은 부자의 비유(눅 12:19)에서 물질적으로 부유하지만 하나님과의 관계에서는 가난한 자의 어리석음을 잘 보여줍니다. 예수님의 제자 중 하나인 가룟 유다는 돈을 받고 스승이며 자신을 그토록 사랑하셨던 예수님을 팝니다. 이런 측면에서 보면 "돈을 사랑함이 일만 악의 뿌리가 된다"(딤전 6:10)는 말씀이 옳아 보입니다. 그렇습니다. 결국 돈의 선, 악을 구별하는 것은 돈에 대한 우리의 마음, 우리의 태도에 달려 있는 것입니다.

3. 돈에 대한 태도

오늘날 많은 사람들이 돈이 많으면 행복할 것이라 생각합니다. 하지만 오히려 돈이 많은 사람들은 그 돈 때문에 더 많이 근심하며 산다고 합니다. 누가복음 12장을 보면 재산 분배문제로 형제끼리 서로 다투는 장면이 나옵니다. 예수님께서는 그 모습을 통해서 탐심을 물리치라고 교훈을 주십니다. 생명이 그 소유의 많음에 있는 것이 아닌 까닭입니다. 또한 돈이 물질이 우리 인생들에게 소망을 주지 않습니다. 디모데전서 6장에 보면 "네가 이 세대에서 부한 자들을 명하여 마음을 높이지 말고 정함이 없는 재물에 소망을 두지 말고 오직 우리에게 모든 것을 후히 주사 누리게 하시는 하나님께 두며 선을 행하고 선한 사업을 많이 하고 나누어 주기를 좋아하며 너그러운 자가 되게 하라 이것이 장래에 자기를 위하여 좋은 터를 쌓아 참된 생명을 취하는 것이니라"(딤전 6:17-19)고 했습니다.

그러므로 돈에 대한 바른 태도는 내가 가진 돈, 앞으로 가지게 될 모든 돈의 소유주를 '나' 에서 '주님' 의 것으로 바꾸는 것입니다. 원래 모든 것의 주인이신 하나님께 다시 돌려드리는 것입니다. 그럼 '나' 는 무엇이 되는 걸까요? 바로 주님의 돈을 위탁받아 관리하는 관리자가 되는 것입니다. 관리하는 자는 결코 돈에 대한 탐심, 집착을 버려야 하는 것입니다.

Test of Bible

1. 구약 시대에는 무엇을 가지고 값을 치렀습니까?

2. 돈의 선, 악을 구별하는 것은 무엇입니까?

3. 돈의 주인이 하나님이라면 우리는 무엇입니까?

Tip of Bible

돈을 의지할 때 생기는 문제점

돈에 대한 욕심은 또 다른 돈 욕심을 갖게 만듭니다. 전도서 5장 10절을 보면 "은을 사랑하는 자는 은으로 만족하지 못하고 풍요를 사랑하는 자는 소득으로 만족하지 아니하나니 이것도 헛되도다"라고 경고하고 있습니다. 이러한 욕심은 결국 마음의 평안을 빼앗아 갈 뿐 아니라 마음속에 많은 근심을 심어줍니다. 이러한 근심은 결국 심신을 다치게 함으로 병약한 몸과 마음이 되고 마는 것입니다. 누구도 돈을 영원히 소유할 수는 없는 것입니다.

"그가 모태에서 벌거벗고 나왔은즉 그가 나온 대로 돌아가고 수고하여 얻은 것을 아무것도 자기 손에 가지고 가지 못하리니"(전 5:15).

이런 말이 있습니다.
돈이 있으면 침대는 살 수 있지만 잠은 살 수 없습니다.
돈이 있으면 책은 살 수 있지만 두뇌는 살 수 없습니다.
돈이 있으면 음식은 살 수 있지만 입맛은 살 수 없습니다.
돈이 있으면 장식품은 살 수 있지만 미는 살 수 없습니다.
돈이 있으면 약은 살 수 있지만 건강은 살 수 없습니다.
돈이 있으면 사치스러운 생활은 살 수 있지만 교양은 살 수 없습니다.
돈이 있으면 유흥은 살 수 있지만 행복은 살 수 없습니다.
돈이 있으면 십자가는 살 수 있지만 구세주는 불가능합니다.
돈이 있으면 종교의 사원은 지을 수 있지만 하늘나라는 불가능합니다.

생각보다 돈으로 할 수 없는 일이 너무도 많이 있습니다. 그러므로 돈이 아닌 오직 주님만을 의지하는 믿음의 삶을 살아야 할 것입니다.

제 4과

달력과 절기

학습 목표 | 성경의 절기와 달력에 관한 내용을 살펴보고 신앙적인 교훈을 얻을 수 있음을 이해한다.

중심 진리 | 달력과 절기의 의미

본문 말씀 | 창세기 1:14

Memory Verse | 창1:14

"하나님이 이르시되 하늘의 궁창에 광명체들이 있어 낮과 밤을 나뉘게 하고 그것들로 징조와 계절과 날과 해를 이루게 하라"

View of Bible

일반적으로 달력은 계절의 변화와 일정한 주기를 따라 기후를 기록하고 보존하여 농사의 기초와 일상생활의 편리를 위한 목적으로 사용됩니다. 그러나 성경에서의 달력은 이와는 다른 의미를 가집니다. 달력은 하나님의 천지 만물의 창조역사와 인류구원을 위한 구속을 기념하며, 하나님을 믿음으로 잘 섬기기 위한 경건 생활의 목적으로 사용됩니다.

Learn of Bible

1. 달력

구약 성서의 달력은 새해 첫 달은 '니산'(에 3:7)으로 시작됩니다. 이는 현재의 3-4월을 의미합니다. 그 다음으로 '이야르'로 4-5월, '시완'(에 8:9)으로 5-6월, '탐무스'는 6-7월, '압'은 7-8월, '엘룰'(느 6:15)로 8-9월, '디슈리'는 9-10월, '마르케스반'은 10-11월, '기슬르'(느 1:1)는 11-12월, '데벳'(에 2:16)은 12-1월, '스밧'(슥 1:7)은 1-2월, 끝으로 열두 번째 달은 '아달'로써 2-3월을 의미합니다.

신약성경의 달력은 간혹 이방인 통치자들을 언급함으로써 계산되었습니다. 예를 들어 누가복음 3장 1절을 보면 침례(세례) 요한이 사역을 시작한 연대가 디베료 황제가 통치한 지 열다섯 해로 표시됩니다. 그러나 대부분의 경우 신약성경의 기자들은 당시 유대인의 달력에 따라 시기를 나타냅니다.

2. 구약에서의 절기

구약에 언급된 절기는 첫째로 무교절이나 유월절이 있습니다. 이는 애굽으로부터의 역사적 구원을 기념하기 위해서 제정되었습니다. 이는 이스라엘의 3대 절기 중 하나이며, 첫 달 14일에 지켜졌습니다. 두 번째 칠칠절은 맥추절이나 초실절로 불리기도 합니다. 후에 이는 유월절을 시작하는 안식일로부터 50일째 되는 날에 기념이 되어 '오순절'이라 알려졌습니다. 이 날은 성회로 모여서 희생 제사를 드렸습니다. 세 번째로 장막절이나 초막절 그리고 수장절로 불리기도 합니다. 이 절기는 7일 동안 계속되는데, 사람들은 나뭇가지로 만들어진 초막에 거하였습니다(레 23:39-43). 네 번째로 안식일입니다. 이 날은 신성한 모임의 날로 인식되었으며, 모든 노동이 중단됩니다. 다섯 번째는 나팔절입니다. 이는 '나팔을 불어 기념할 날'이라 불리었습니다. 여섯 번째 속죄일입니다. 스스로 괴롭히고 죄에 대한 속죄의 성회로 모이는 날입니다. 일 년에 단 한 번만 지켜집니다. 일곱 번째로 부림절입니다. 부림절은 에스더 9장에 잘 나타나 있습니다. 이는 아하수에로 왕 시대에 간신 하만의 음모로부터 구원받은 것을 기념하기 위하여 모르드개가 제정합니다. 이날은 기쁜 날입니다.

3. 신약 시대 이후의 절기

신약 시대 이후 구약의 절기보다는 예수님의 사역과 관련되어 교회가 절기를 제정하고 이를 전통적으로 지켜오고 있습니다. 우리가 너무나 잘 알고 있는 '성탄절'은 예수님의 탄생을 기념하여 지키는 절기입니다. 이 날은 하나님께서 육신을 입고 우리 가운데 오신 '성육신'의 사건을 축하하며 예배하는 날입니다. 두 번째로는 강림절이 있습니다. 대강절이라고도 부르는데, 예수님께서 이 세상에 오실 것을 기다린다는 의미로 성탄절로부터 거슬러 올라가 4주간을 절기로 기념합니다. 사순절은 예수님의 고난과 죽음을 묵상하는 절기로, 부활절 전 주일을 제외한 40일 동안의 기간을 말합니다. 사순절기의 마지막 주간을 고난주간으로 특별히 지킵니다. 예수님께서 십자가에 못 박혀 돌아가시기까지 1주일로, 이 기간 동안은 십자가를 지신 예수님을 생각하며 금식하거나 기호 식품과 오락을 절제하며 예수님의 고난에 관한 성경을 깊이 묵상하며 참회의 시간을 보냅니다. 고난주간이 끝나는 날이 부활절로 기독교의 가장 큰 절기라고 할 수 있습니다. 춘분이 지난 보름 이후 첫 주일을 부활절로 지키고 있습니다. 예수님께서 약속하셨던 성령이 임하신 날을 기념하는 성령강림일, 한 해의 수확을 하나님께 감사의 예배로 드리는 추수감사절기 등이 있습니다.

Test of Bible

1. 구약성서의 달력은 새해 첫 달을 무엇이라고 합니까?

2. 구약에 언급된 절기로 유월절이 있습니다. 유월절은 무엇을 기념하는 절기입니까?

3. 예수님께서 약속하셨던 성령이 임하신 날을 기념하여 지키는 날을 무엇이라 합니까?

Tip of Bible

하나님의 성실하심의 일을 기념하고 배우라!

사도 바울은 갈라디아서에서 다음과 같이 말합니다. "그러나 너희가 그 때에는 하나님을 알지 못하여 본질상 하나님이 아닌 자들에게 종 노릇 하였더니 이제는 너희가 하나님을 알 뿐 아니라 더욱이 하나님이 아신 바 되었거늘 어찌하여 다시 약하고 천박한 초등학문으로 돌아가서 다시 그들에게 종 노릇 하려 하느냐 너희가 날과 달과 절기와 해를 삼가 지키니 내가 너희를 위하여 수고한 것이 헛될까 두려워하노라"(갈 4:8-11). 이는 구약의 절기가 오실 예수 그리스도의 구원 사역을 증거하는 상징으로 보았던 것입니다. 그렇습니다. 유대인의 달력과 절기는 하나님께서 행하신 놀라운 일들을 담고 있습니다(창 1:14). 특별히 하나님의 구원의 역사를 상징하고 있는 것입니다.

우리가 매일 매일 하나님의 사역에 참여하는 믿음의 백성이 된다면 하루 하루가 성탄절이며 부활절이며 또한 성령강림절일 것입니다. 절기의 의미를 깊이 묵상하고 그 절기에 담겨 있는 하나님의 뜻을 분별하며 우리 몸을 거룩한 산 제사로 드려야 할 것입니다.

"그러므로 형제들아 내가 하나님의 모든 자비하심으로 너희를 권하노니 너희 몸을 하나님이 기뻐하시는 거룩한 산 제물로 드리라 이는 너희가 드릴 영적 예배니라 너희는 이 세대를 본받지 말고 오직 마음을 새롭게 함으로 변화를 받아 하나님의 선하시고 기뻐하시고 온전하신 뜻이 무엇인지 분별하도록 하라"(롬 12:1-2).

Memo

6권

틴틴파워 In Jesus 인 지저스

청소년 핵심공과 풍습과전통편